JEAN IMBERT ET NICOLE IMBERT

MERCI MAMIE

Die Originalrezepte meiner französischen Großmutter

Mit Fotos von
Pierre Lucet-Penato

JEAN IMBERT

MERCI

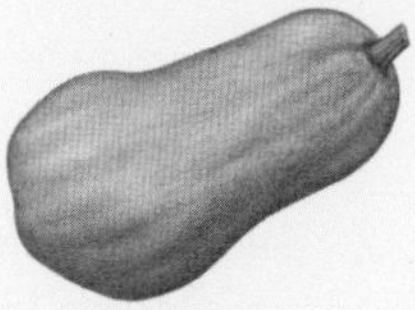

MAMIE

Die Originalrezepte meiner französischen Großmutter

NICOLE IMBERT

CHRISTIAN

ERINNERUNGEN

MERCI MAMIE

Nicole

Mamie,
Ein Sonntag bei dir
Ich komme spät an, gegen 13:15 Uhr.
Die Fußballschuhe voller Erde
Ich weiß, wo ich dich finde, wenn ich nach Hause komme
Ich gehe direkt nach links in die Küche, um dich mit Kuss zu begrüßen
Ich berühre die Töpfe, mit denen du seit 70 Jahren kochst
Die Pfannen sind alle verbeult
Neben dem Herd steht immer ein Butterklumpen bereit
Die Geschirrtücher sind weder blütenweiß noch schmutzig
Die Fliesen liegen in der Küche, seit ich denken kann
Du putzt gerade grüne Bohnen
Auf dem Herd köchelt und sprudelt es
In der Pfanne bräunen Kartoffeln
Ich möchte zuschauen, anfassen, naschen
Ich schiebe die Finger unter die Haut des Brathähnchens, um ein
Pfaffenstückchen zu stibitzen.
Du tust so, als hättest du nichts bemerkt
Die Düfte sind verführerisch
Du stellst mir viele Fragen
Es ist 13:45 Uhr.
Die Familie ist hier, heute Mittag sind wir 18 Personen,
letzten Sonntag waren wir 21.
Du bist das gewohnt
Die Teller sind alle angeschlagen
Das Besteck ist bunt zusammengewürfelt.
Der Tisch knarrt, er wird nachgeben
Aber das ist uns egal
Wir lehnen uns in unseren Stühlen zurück, freuen uns einfach nur, hier zu sein.

Dich hält es nicht lange auf deinem Platz, ständig läufst du in die Küche.
»Mamie, so bleib doch mal sitzen!«
Du hast dies schon 10.000-mal gehört, aber du verstehst es meisterlich,
dies zu ignorieren
Jetzt kommen die Vorspeisen, Salat, Gemüse, alles reicht für alle
Die Tomaten sind saftig, der Sellerie in Remoulade ist handgeschnitten
Die Lauchstangen schwimmen in Vinaigrette
Die ganze Familie stürzt sich darauf
An manchen Sonntagen, das sind echte Glückstage, thront in der Mitte des Tisches
eine Kaninchenpastete
Die Diskussionen sind hitzig
Die Würze ist perfekt
Wir warten auf das Hauptgericht, sind voller Vorfreude
Seit letztem Sonntag erwarten wir es bereits
Da kommt es, dampfend heiß
Es ist eine königliche Tafel, nur ohne Prunk
Von allen Seiten piken Gabeln ein,
da kennen wir kein Pardon!
Das Pot au Feu ist großartig, die Markknochen ebenfalls!
Der Toast dazu ist wie so oft verbrannt, na und?
Ein Cousin mag kein Pot au Feu, Du servierst ihm gefüllte Tomaten
Ein anderer holt sich eine Scheibe Braten aus dem Kühlschrank
Du zauberst ihm im Handumdrehen eine Sauce Béarnaise
»Er wird es noch immer nicht ohne Sauce essen!«
Du umsorgst uns alle
Im Grunde liebst du das.
Du hältst uns alle zusammen
Wenn einer von uns nicht dreimal nimmt, denkst Du, es schmeckt ihm nicht …
Und wenn einer von uns keine Sauce mag, gehört er fast nicht mehr zur Familie
Du bist schon wieder in der Küche
Du schlägst die Sahne für den Baba, du backst Crêpes.
Du lässt uns in Träumen schwelgen
Der Kaffee wird lauwarm serviert, die Birnen in Rotwein stehen bedenklich
nah an der Tischkante
Du servierst die Reste der Apfeltarte von gestern,
jeder will etwas davon, es entsteht Gerangel
Du stellst die Reste der überbackenen Doraden für einen Onkel beiseite,
der sich verspätet.
Du nimmst Dir auch einen Kaffee.
Und du sitzt auf deiner Plastikbank, im Garten
Das Wetter ist gut
Du bist glücklich.
Du hast das Gefühl, deine Pflicht erfüllt zu haben
Du hast alle zusammengebracht, die Du liebst.

Mamie,
in diesen 38 Jahren der 1000 mit Dir verlebten Sonntage,
an denen die Zeit für einen Moment stillzustehen schien, dank Dir,
habe ich gelernt, dass es das Schönste im Leben ist,
die zu bekochen, die man liebt.
Merci Mamie

Oma und ich an Heiligabend

Abendessen bei meinen Eltern, Oma, Raphaël und ich.

Jean Imbert, quel nom doux et
cher à mon coeur. Mon mari, ton
grand père, mon fils, ton père et
toi maintenant dont je suis si
fière. Quel bonheur pour une grand
mère de voir que son petit fils
réalise à merveille la passion qui
l'anime depuis tant d'années.

Dans la galaxie de mes ~~petits~~ treize
petitsenfants tu es le septième - Chiffre
porte bonheur !!

Je vois une étoile ... puis deux
puis au firmament l'apothéose de
la troisième étoile que je t'enverrai
du ciel !

Ta mamy Nicole

Von Mamie verfasster Text im Gästebuch des L'Acajou zur Eröffnung im Jahr 2004.

DIE REZEPTE VON

Mamie

NICOLE

1
9
4
6

LA TERRINE DE LAPIN

KANINCHEN-TERRINE

Zutaten

FÜR 1 TERRINE MIT DECKEL

- FLEISCH VON 1 GROSSEN KANINCHEN (ETWA 1,2 KG)
- 600 G KALBSSCHNITZEL
- 1 SCHWEINEKOTELETT OHNE KNOCHEN
- 5 ZWEIGE THYMIAN
- 5 LORBEERBLÄTTER
- 600–700 G WURSTBRÄT
- 4 SCHEIBEN MAGERER SPECK
- ½ GLAS COGNAC
- ½ GLAS PORTWEIN
- 1 KAROTTE
- 5 EL MEHL
- SALZ UND SCHWARZER PFEFFER AUS DER MÜHLE

Das Kaninchenfleisch, die Kalbsschnitzel und das Schweinekotelett in große Würfel schneiden. Die Kalbfleischwürfel am Boden der Terrine dicht an dicht einschichten, sodass dieser etwa 1 cm hoch bedeckt ist. Diese Schicht mit Salz und Pfeffer würzen, mit je einem Zweig Thymian und einem Lorbeerblatt belegen. Das Wurstbrät in ähnlich große Stücke teilen, darauf verteilen und gut andrücken.

In folgender Reihenfolge weiter schichten, jeweils gut andrücken, und jede Schicht mit Ausnahme des Specks leicht salzen, pfeffern, je einen Zweig Thymian und ein Lorbeerblatt auflegen: Kaninchenwürfel, würzen, Speck, Kaninchenwürfel, würzen, Schweinefleischwürfel, abschließend würzen.

Cognac und Portwein angießen, sodass das Fleisch gut bedeckt ist. Die Karotte putzen und in feine, nicht zu dünne Scheiben schneiden. Die Fleischterrine damit bedecken, einen Zweig Thymian und ein Lorbeerblatt obenauf legen.

Den Backofen auf 250 °C vorheizen. Aus dem Mehl, etwas Wasser und 1 Prise Salz einen zähflüssigen Teig anrühren und den Rand der Terrinenform damit einstreichen, um die Terrine hermetisch abzuschließen. Den Deckel auflegen.

Die Terrine in einen etwas größeren, feuerfesten Bräter oder eine hohe Fettschale stellen und bis knapp unter den Rand der Terrine kochendes Wasser angießen.

Die Kaninchen-Terrine im Wasserbad 2 ¾ Stunden garen. Für die Garprobe den Deckel lösen und mit einem kleinen spitzen Küchenmesser in die Terrine stechen. Das Fleisch ist gar, wenn die Klinge leicht hindurchgleitet.

Behalten Sie den Wasserstand im Auge. Die Terrine sollte während des Garprozesses stets bis knapp unter den Rand von Wasser umgeben sein.

1
9
4
6

LA COMPOTE DE POMMES

APFELKOMPOTT

Zutaten

FÜR 4 PERSONEN

4 GOLDEN-DELICIOUS-ÄPFEL (ALTERNATIV FEIN SÄUERLICHE SORTEN WIE BOSKOP, BRAEBURN, COX ORANGE)

15 G ZUCKER

2 VANILLESCHOTEN

Die Äpfel schälen, vierteln, die Kerngehäuse herausschneiden und die Viertel in nicht zu kleine Stücke schneiden.

Den Zucker, das ausgekratzte Mark der Vanilleschoten und 50 ml Wasser in einem Topf zum Kochen bringen.

Die Apfelwürfel hinzufügen und bei geringer Temperatur etwa 15 Minuten köcheln lassen, bis die Äpfel zerfallen sind. Während des Kochens immer wieder gut umrühren.

Abgekühlt als Kompott oder zu feinem Mus zerdrückt servieren.

Der Golden Delicious ist für die Zubereitung von Apfelmus ideal, da er beim Kochen schön zerfällt, sodass nur wenig Wasser zugegeben werden muss.

1
9
4
7

LES CRÊPES SUZETTE

CRÊPES SUZETTE

Zutaten

FÜR 4 PERSONEN

FÜR DIE SUZETTE-GARNITUR

500 ML FRISCH GEPRESSTER ORANGENSAFT

100 G ZUCKER

1 UNBEHANDELTE ORANGE

50 ML GRAND MARNIER (ALTERNATIV COINTREAU)

FÜR DEN CRÊPES-TEIG

80 G BUTTER + ETWAS MEHR ZUM AUSBACKEN

250 G WEIZENMEHL (TYPE 1050)

60 G ZUCKER

FLEUR DE SEL

4 EIER

500 ML MILCH

30 ML BRAUNER RUM

SUZETTE-GARNITUR

Den Orangensaft mit 50 g Zucker unter Rühren aufkochen. Bei geringer Temperatur offen auf die Hälfte einkochen lassen. Den Sirup abkühlen lassen und kalt stellen.

Die Orange schälen, filetieren und die Schale dreimal blanchieren: abwechselnd je 1 Minute in kochendes Wasser und in Eiswasser tauchen. Gut trocken tupfen, in feine Juliennes schneiden.

Etwa 50 ml des Blanchierwassers mit 50 g Zucker einkochen lassen. Gut abkühlen lassen. Die Orangenzesten hineingeben und 1 Stunde konfieren.

CRÊPES-TEIG

Zunächst eine Nussbutter (Beurre noisette) zubereiten. Die Butter bei geringer Temperatur zerlassen. Bei mittlerer Temperatur unter Rühren etwa 1 Minute erhitzen, bis sich braune Flecken bilden. Vom Herd nehmen und weiter rühren, bis die Butter goldbraun ist. Den Topf zum Abkühlen ins kalte Wasserbad stellen.

In einer Rührschüssel Mehl, Zucker und 1 Prise Fleur de Sel mischen, mittig eine Vertiefung hineindrücken. Die Eier verquirlen, in die Vertiefung gießen und mit einem Spatel zügig untermischen. Nach und nach die Milch, den Rum, schließlich die Nussbutter zugeben und zu einem glatten Teig verrühren.

Abdecken und mindestens 1 Stunde kalt stellen.

Den Backofengrill auf 200 °C vorheizen.

Etwas Butter in einer Pfanne zerlassen. Nacheinander vier Crêpes darin ausbacken. Jeweils zweimal falten und nebeneinander in eine ofenfeste Form legen.

Jeden Crêpe mit 1 EL Orangensirup, mit Orangenzesten und -filets garnieren. 5 Minuten unter den Grill stellen. Inzwischen den Grand Marnier bei geringer Temperatur erwärmen.

Den Grand Marnier in eine Kelle geben, mit einem langen Streichholz entzünden und die Crêpes vor dem Servieren flambieren.

LE FILET DE BŒUF AU JUS

RINDERFILET IN ROTWEINSAUCE

Zutaten

FÜR 4 PERSONEN

FÜR DEN BRATENJUS

1 KG RINDFLEISCHKNOCHEN

BUTTERSCHMALZ ZUM ANBRATEN

MEHL ZUM BESTAUBEN

3 ZWIEBELN

4 KNOBLAUCHZEHEN

3 KAROTTEN

3 STANGEN LAUCH

2 STANGEN STAUDENSELLERIE

200 G NAVETTEN (ALTERNATIV MAIRÜBCHEN)

200 G FRISCHE CHAMPIGNONS

5 ZWEIGE THYMIAN

1 ZWEIG ROSMARIN

10 SCHWARZE PFEFFERKÖRNER

4 LORBEERBLÄTTER

2 L ROTWEIN

FÜR DIE KONFIERTEN SCHALOTTEN

2 SCHALOTTEN

2 ZWEIGE THYMIAN

1 ZWEIG ROSMARIN

2 FRISCHE KNOBLAUCHZEHEN

ETWA 400 ML KALT GEPRESSTES TRAUBENKERNÖL

FÜR DIE RINDERFILETS

2 IN FORM GEBUNDENE, GUT ABGEHANGENE RINDERFILETS (À 400 G)

FLEUR DE SEL UND SCHWARZER PFEFFER AUS DER MÜHLE

BRATENJUS

Den Backofen auf 230 °C Ober- und Unterhitze vorheizen.

Die Knochen im Bräter in heißem Fett kräftig anbraten, mit etwas Mehl bestauben und im vorgeheizten Backofen auf der mittleren Schiene etwa 1 Stunde rösten.

Von Zwiebeln und Knoblauch die losen trockenen Schalen entfernen, die Zwiebeln halbieren. Karotten, Lauch, Sellerie und Navetten waschen und grob zerteilen. Die Champignons putzen. Den Bräter aus dem Ofen nehmen, die Knochen beiseiteschieben und das Gemüse im heißen Fett anbraten. Thymian, Rosmarin, Pfefferkörner und Lorbeerblätter zugeben. Den Rotwein angießen, er sollte alles vollständig bedecken. Zum Kochen bringen, den Deckel auflegen und 4 Stunden bei schwacher Hitze schmoren lassen.

KONFIERTE SCHALOTTEN

Die ungeschälten Schalotten mit Thymian, Rosmarin und den ungeschälten Knoblauchzehen in einen kleinen Topf geben. So viel Öl angießen, dass alles gut bedeckt ist. Bei geringer Temperatur 2–3 Stunden garen. Das Öl sollte nie wärmer als 70–80 °C werden. Die butterzarten Schalotten kurz vorm Servieren der Länge nach halbieren.

RINDERFILETS

Die Rinderfilets etwa 1 ½ Stunden vor dem Servieren aus dem Kühlschrank nehmen. 30 Minuten bei Zimmertemperatur ruhen lassen. Die Knochen aus dem Bräter heben. Den Bratensaft durch ein Sieb in einen Topf passieren. Offen bei geringer Temperatur sirupartig einkochen lassen.

Den Backofen auf 200 °C vorheizen.

Die gebundenen Filets rundum salzen und im heißen Fett von allen Seiten je 2 Minuten scharf anbraten. Im vorgeheizten Backofen auf der mittleren Schiene etwa 30 Minuten garen, bis sie im Inneren 2 °C weniger als die gewünschte Kerntemperatur erreicht haben. Herausnehmen und unter Alufolie 5–10 Minuten ruhen lassen.

Das Rinderfilet mit dem Bratenjus und den Schalottenhälften anrichten. Mit Fleur de Sel und Pfeffer aus der Mühle würzen.

1
9
4
8

LA TARTE AUX POMMES

APFELTARTE

Zutaten

FÜR 6 PERSONEN

FÜR DEN MÜRBETEIG

200 G WEIZENMEHL (TYPE 550) + ETWAS MEHR ZUM BESTAUBEN

100 G ZIMMERWARME BUTTER + ETWAS MEHR ZUM EINFETTEN

FLEUR DE SEL

4 GOLDEN-DELICIOUS-ÄPFEL (ALTERNATIV FEIN SÄUERLICHE SORTEN WIE BOSKOP, BRAEBURN, COX ORANGE)

20 G KALTE BUTTER

20 G ZUCKER

MÜRBETEIG

Das Mehl mit 1 Prise Fleur de Sel in einer Schüssel mischen. Die Butter in Flöckchen zugeben und mit den Fingern rasch zu Streuseln vermischen. Nach und nach bis zu 50 ml kaltes Wasser zügig einarbeiten, bis ein glatter Teig entsteht.

Den Teig zwischen zwei Lagen Backpapier 0,5 cm dick ausrollen. 1 Stunde kalt stellen.

Inzwischen die Äpfel schälen, vierteln, die Kerngehäuse herausschneiden und die Viertel in mundgerechte Stücke schneiden.

Den Backofen auf 200 °C Ober- und Unterhitze vorheizen.

Eine Tarteform dünn einfetten und mit dem Mehl bestauben. Den Teig etwas größer als die Tarteform ausrollen und hineinlegen. Behutsam in die Form drücken, den Boden mehrfach mit der Gabel einstechen. Um den überlappenden Teig sauber zu entfernen, die Form mit dem Nudelholz überrollen.

Die Äpfel auf dem Teig verteilen. Die Butter in Flöckchen gleichmäßig darauf verteilen. Im vorgeheizten Backofen auf der mittleren Schiene 20 Minuten backen.

5 Minuten vor Ende der Backzeit die Äpfel mit dem Zucker bestreuen, damit sie karamellisieren.

1
9
4
9

LES ARTICHAUTS VINAIGRETTE

ARTISCHOCKEN MIT BALSAMICO-VINAIGRETTE

Zutaten

FÜR 4 PERSONEN

4 GROSSE ARTISCHOCKEN »CAMUS DE BRETAGNE«

FÜR DIE VINAIGRETTE

30 ML BALSAMICO-ESSIG

SALZ UND SCHWARZER PFEFFER AUS DER MÜHLE

100 ML OLIVENÖL EXTRA VERGINE

In einem weiten Topf reichlich Salzwasser zum Kochen bringen. Die Artischocken nebeneinander hineinsetzen. Sie sollten vollkommen mit Wasser bedeckt sein. Durch Auflegen eines etwas kleineren Deckels lässt sich sicherstellen, dass die Artischocken unter Wasser bleiben. Je nach Größe 15–30 Minuten bei mittlerer Temperatur garen. Sobald die Blätter sich leicht lösen lassen, herausheben und kopfüber abtropfen lassen.

VINAIGRETTE

Währenddessen den Balsamico-Essig mit Salz und Pfeffer verrühren, bis das Salz gelöst ist. Das Olivenöl in dünnem Strahl zugeben und mit einer Gabel zu einer glatten Emulsion verquirlen. Auf vier kleine Schälchen verteilen und zu den Artischocken servieren.

Belassen Sie einen Teil des Stiels an den Artischocken, damit sich die Blätter nicht vorzeitig ablösen.

LE POT-AU-FEU

POT AU FEU

Zutaten

FÜR 6 PERSONEN

1,5 KILO RINDFLEISCH FÜR POT AU FEU (Z. B. BUG, OBERSCHALE, HÜFTE, SCHULTER)

2 MARKKNOCHEN

SALZ

3 KAROTTEN

2 STANGEN LAUCH

2 STANGEN STAUDENSELLERIE

4 NAVETTEN (ALTERNATIV MAIRÜBCHEN)

1 ZWIEBEL

3 KNOBLAUCHZEHEN

4 GEWÜRZNELKEN

3 ZWEIGE THYMIAN

1 ZWEIG ROSMARIN

2 LORBEERBLÄTTER

8 KLEINE FRÜHKARTOFFELN AUS NOIRMOUTIER (FRANZÖSISCHE SPEZIALITÄT, ALTERNATIV »DRILLINGE«)

SCHWARZER PFEFFER AUS DER MÜHLE

Das Fleisch in große Stücke gleicher Größe schneiden. Zusammen mit den Markknochen in einen großen Topf geben und so viel kaltes Salzwasser angießen, dass alles gut bedeckt ist. Das Wasser zum Kochen bringen. Den sich bildenden Schaum mit einem Schaumlöffel abschöpfen, um die Trübstoffe zu entfernen.

Karotten, Lauch, Sellerie und die Navetten putzen und in grobe Stücke schneiden. Die Zwiebel und die Knoblauchzehen abziehen, die Zwiebel mit den Nelken spicken. Gemüse, Zwiebel, Knoblauch, Thymian, Rosmarin und die Lorbeerblätter zum Fleisch geben. Insgesamt mindestens 3 Stunden simmern lassen.

Etwa 30 Minuten vor Ende der Garzeit die Kartoffeln waschen und in Salzwasser garen. Leicht abkühlen lassen und pellen. Alle Zutaten in einer großen Terrine mischen und servieren.

Dazu passt getoastetes Baguette.

LES TOMATES FARCIES

GEFÜLLTE TOMATEN

Zutaten

FÜR 4 PERSONEN

FÜR DIE TOMATEN

4 GROSSE TOMATEN ZUM FÜLLEN

SALZ

350 G HACKFLEISCH

30 ML TRAUBENKERNÖL

1 WEISSE ZWIEBEL (ALTERNATIV ½ GEMÜSEZWIEBEL)

100 ML HÜHNERBRÜHE

FÜR DIE TOMATENSAUCE

1 SCHALOTTE

3 OCHSENHERZ-TOMATEN

4 ZWEIGE THYMIAN

1 FRISCHE KNOBLAUCHZEHE

20 ML OLIVENÖL

SALZ UND SCHWARZER PFEFFER AUS DER MÜHLE

FÜR DAS REISPILAW

2 SCHALOTTEN

15 G BUTTER

1 KNOBLAUCHZEHE

2 ZWEIGE THYMIAN

350 G BASMATIREIS

40 ML WEISSWEIN

1 L HÜHNERBRÜHE

TOMATEN

Die Tomaten am Vortag vorbereiten: waschen, jeweils einen Deckel abschneiden und die Tomaten aushöhlen. Die Tomaten innen leicht salzen und umgedreht in einem Sieb 12 Stunden im Kühlschrank abtropfen lassen.

TOMATENSAUCE

Den Backofen auf 150 °C vorheizen. Die Schalotte abziehen und dritteln. Die Ochsenherz-Tomaten waschen, die Stielansätze herausschneiden und die Tomaten halbieren. Mit der Schnittfläche nach oben in eine Bratreine legen, Schalotte, Thymian und die ungeschälte Knoblauchzehe dazugeben. Mit Olivenöl beträufeln, mit Salz und frisch gemahlenem Pfeffer würzen.

Im vorgeheizten Backofen auf der mittleren Schiene 1 Stunde backen. Die Tomaten sollten dann weich und leicht karamellisiert sein. Noch heiß pürieren.

Das Hackfleisch im Traubenkernöl krümelig braten, bis es leicht gebräunt ist. Aus der Pfanne nehmen. Die Zwiebel abziehen, fein hacken und im Bratfett anschwitzen. Das Hackfleisch und die Tomatensauce dazugeben und 1 Stunde leise köcheln lassen. Mit Salz und frisch gemahlenem Pfeffer abschmecken.

Den Backofen auf 180 °C Umluft vorheizen. Die abgetropften Tomaten mit der Hackfleischsauce füllen, in eine kleine Auflaufform setzen und die Hühnerbrühe angießen. Im vorgeheizten Backofen 20 Minuten garen. Währenddessen immer wieder mit etwas Hühnerbrühe beträufeln. Die Tomaten sollten noch nicht bräunen, da sie erst im Reis fertig garen.

REISPILAW

Die Schalotten abziehen und fein hacken. Die Butter in einem größeren Topf aufschäumen lassen, die Schalotten darin anschwitzen. Die ungeschälte Knoblauchzehe, den Thymian und den Reis zugeben und unter Rühren glasig anschwitzen.

Mit dem Wein ablöschen. 700 ml Hühnerbrühe hinzufügen und das Pilaw 10–12 Minuten bei geringer Temperatur garen.

In eine Auflaufform geben, die restliche Hühnerbrühe angießen und die gefüllten Tomaten in den Reis setzen. Bei 160 °C auf der mittleren Schiene 20 Minuten garen.

Der Reis darf am Rand der Form leicht anbacken, die Oberfläche sollte leicht knusprig sein.

1
9
5
2

LES CAROTTES RÂPÉES

KAROTTEN-ROHKOST

Zutaten

FÜR 4 PERSONEN

3 KAROTTEN

FÜR DIE VINAIGRETTE

30 ML SHERRY-ESSIG

FLEUR DE SEL UND SCHWARZER PFEFFER AUS DER MÜHLE

100 ML OLIVENÖL EXTRA VERGINE

Die Karotten putzen, mit einem Julienne- oder Spiralschneider oder einem hochwertigen Gemüsehobel (Mandoline) in feine Streifen schneiden. In eine Schüssel geben.

VINAIGRETTE

Den Sherry-Essig mit Fleur de Sel und Pfeffer verrühren, bis das Salz gelöst ist. Das Olivenöl in dünnem Strahl zugeben und mit einer Gabel zu einer glatten Emulsion verquirlen.

Die Vinaigrette unter die Karottenstreifen mischen und abschließend mit wenig Fleur de Sel und einer Umdrehung Pfeffer würzen.

1952

FRITES ET BÉARNAISE

POMMES FRITES MIT SAUCE BÉARNAISE

Zutaten

FÜR 4 PERSONEN

FÜR DIE SAUCE BÉARNAISE

100 G BUTTER

2 SCHALOTTEN

4 STÄNGEL ESTRAGON

100 ML ROTWEINESSIG

SCHWARZER PFEFFER AUS DER MÜHLE

3 EIGELB, ZIMMERWARM

1 KG GROSSE, MEHLIGKOCHENDE KARTOFFELN (AGRIA, ADRETTA, BINTJES, ALTERNATIV GALA)

2 L ÖL ZUM FRITTIEREN

SALZ

SAUCE BÉARNAISE

Die Butter bei mittlerer Temperatur unter Rühren erhitzen, aber nicht bräunen lassen. Einmal aufschäumen lassen und den Schaum abnehmen. Bei geringer Temperatur klären.

Die Schalotten abziehen und fein hacken. Mit drei Stängeln Estragon, dem Rotweinessig und Pfeffer in einem Topf auf die Hälfte reduzieren.

Das Eigelb in einen Schlagkessel geben und einen Topf mit heißem Wasser für das Wasserbad bereitstellen. Die Reduktion durch ein Sieb auf das Eigelb gießen und sofort im Wasserbad cremig aufschlagen. Man sollte dabei den Topfboden sehen können.

Aus dem Wasserbad nehmen und nach und nach die geklärte Butter unterrühren. Den verbliebenen Estragon fein hacken und unterziehen.

FRITES

Die Kartoffeln schälen und der Länge nach in relativ dicke Stäbchen schneiden.

Die Kartoffelstäbchen in der Fritteuse bei 180 °C ein erstes Mal frittieren, aber noch nicht bräunen lassen. Gut abtropfen lassen.

Unmittelbar vor dem Servieren die Kartoffelstäbchen dann goldgelb frittieren. Noch warm salzen und sofort mit der Sauce Bearnaise servieren.

Sollte die Sauce Béarnaise gerinnen, fügen Sie etwas kaltes Wasser hinzu und verquirlen Sie alles zu einer homogenen Sauce.

1953

LES POIREAUX VINAIGRETTE

LAUCH MIT VINAIGRETTE

Zutaten

FÜR 4 PERSONEN

FÜR DEN LAUCH

1 KG DÜNNE LAUCHSTANGEN

SALZ

FÜR DIE VINAIGRETTE

3 SCHALOTTEN

1 BUND SCHNITTLAUCH

150 ML OLIVENÖL

1 EL DIJONSENF

50 ML SHERRY-ESSIG

SALZ UND SCHWARZER PFEFFER AUS DER MÜHLE

LAUCH

Den Lauch putzen: die groben, dunkelgrünen Teile sowie die Wurzelenden abschneiden und die Lauchstangen »kopfüber« für 15–20 Minuten in einen schmalen, hohen Topf mit Wasser stellen. Anschließend unter fließendem Wasser gründlich waschen.

Die Lauchstangen in einem ausreichend weiten Topf in Salzwasser 10–15 Minuten zart, aber nicht zu weich garen.

VINAIGRETTE

Die Schalotten abziehen und sehr klein würfeln. Den Schnittlauch waschen, trockenschütteln und in feine Röllchen schneiden. Olivenöl und Senf in einem Glas so lange schütteln, bis eine Emulsion entsteht. Diese mit Sherry-Essig, Schalotten und Schnittlauch glatt rühren und mit Salz und frisch gemahlenem Pfeffer würzen.

Die lauwarmen Lauchstangen auf einer Platte oder in einer rechteckigen Form anrichten und mit der Vinaigrette übergießen.

Tauchen Sie den Lauch mit dem Blattgrün voran in Wasser, lassen sich Schmutz und anhaftende Erde leichter entfernen.

SALADE DE TOMATES AUX HERBES

TOMATENSALAT MIT KRÄUTERN

Zutaten

FÜR 4 PERSONEN

1 KILO ALTE TOMATENSORTEN (Z. B. OCHSENHERZ, SCHWARZE KRIM, ANANASTOMATE, GREEN ZEBRA, ANDENHORN)

1 BUND ESTRAGON

1 BUND SCHNITTLAUCH

6 BLÄTTCHEN BASILIKUM

20 BLÄTTCHEN KERBEL

FÜR DIE VINAIGRETTE

5 ZWEIGE GLATTE PETERSILIE

1 TL KÖRNIGER SENF

100 ML OLIVENÖL

30 ML WEISSWEINESSIG

SALZ, FLEUR DE SEL UND SCHWARZER PFEFFER AUS DER MÜHLE

Die Tomaten waschen, trocken tupfen und die Stielansätze herausschneiden. Alle Kräuter sortengetrennt waschen und trockenschütteln. Für die Garnitur jeweils die Hälfte des Estragons und des Schnittlauchs, vier Blättchen Basilikum sowie den Kerbel beiseitelegen.

Die übrigen Kräuter sehr fein hacken und mit dem körnigen Senf verrühren. Das Olivenöl in dünnem Strahl zugeben und zu einer glatten Emulsion verquirlen. Diese mit dem Weißweinessig glatt rühren und mit Salz und frisch gemahlenem Pfeffer würzen.

Die Tomaten in mundgerechte Würfel schneiden. Mit Fleur de Sel würzen. Estragon- und Kerbelblättchen hacken, Schnittlauch in Röllchen schneiden, das Basilikum längs in Streifen schneiden.

Die Tomaten mit der Kräuter-Vinaigrette übergießen und mit den frischen Kräutern bestreuen.

1954

LA MOUSSE AU CHOCOLAT

MOUSSE AU CHOCOLAT

Zutaten

FÜR 4 PERSONEN

200 G ZARTBITTER-SCHOKOLADE (75 % KAKAO)

FLEUR DE SEL

4 EIER (VORZUGSWEISE BIO-EIER)

FEINES SALZ

Die Schokolade fein hacken und im Wasserbad schmelzen. 1 Prise Fleur de Sel unterrühren.

Die Eier trennen.

Das Eiweiß mit 1 Prise Salz steif schlagen. In einer zweiten Schüssel das Eigelb cremig aufschlagen und die geschmolzene Schokolade nach und nach einfließen lassen und unterrühren.

Mit einem Spatel den Eischnee unter die Schokocreme ziehen, sodass eine homogene Creme entsteht.

Die Mousse in eine Schale oder vier Schälchen füllen und mindestens 3 Stunden kalt stellen.

1
9
5
5

LE GÂTEAU DE RIZ

REISKUCHEN

Zutaten

FÜR 4 PERSONEN

FÜR DEN REISKUCHEN

100 G RUNDKORNREIS

500 ML MILCH

1 VANILLESCHOTE

SCHALE VON 1 UNBEHANDELTEN BIO-ZITRONE

SCHALE VON 1 UNBEHANDELTEN BIO-ORANGE

2 EIER

100 G ZUCKER

FÜR DEN KARAMELL

40 G ZUCKER

REISKUCHEN

Den Reis in ein Sieb geben und gut abspülen. 1 Minute in kochendem Wasser kochen, sofort wieder in ein Sieb abgießen und gut abtropfen lassen.

Die Milch mit dem ausgekratzten Mark der Vanilleschote, Zitronen- und Orangenschale bei mittlerer Temperatur zum Kochen bringen.

Den Reis zugeben und bei geringer Temperatur 30 Minuten ausquellen lassen. Darauf achten, dass er nicht ansetzt.

Die Zitrusschalen aus dem Milchreis entfernen und diesen etwas abkühlen lassen.

Die Eier trennen. Das Eiweiß steif schlagen und beiseitestellen. Das Eigelb mit dem Zucker hell schaumig aufschlagen und unter den Reis rühren. Schließlich den Eischnee mit einem Spatel unterziehen.

Den Backofen auf 200 °C Ober- und Unterhitze vorheizen.

KARAMELL

Für den Karamell den Zucker in einem kleinen Topf unter Rühren schmelzen lassen und durch Zugabe von 30 ml Wasser einen flüssigen Karamell herstellen. Diesen in eine Auflaufform geben und erstarren lassen. Die Reismasse darüber glatt verstreichen.

Den Reiskuchen im vorgeheizten Backofen auf der unteren Schiene mindestens 40 Minuten backen.

Vor dem Servieren abkühlen lassen. Mit einer Zitrusmarmelade oder mit Sahne servieren.

Durch das kurze Vorkochen des Reises in Wasser löst sich überschüssige Stärke, wodurch er in der Milch besser gart.

SOLE RÔTIE ET POMMES DE TERRE

GEBRATENE SEEZUNGE MIT KARTOFFELPÜREE

Zutaten

FÜR 4 PERSONEN

FÜR DIE SEEZUNGEN

2 KÜCHENFERTIGE SEEZUNGEN (À ETWA 800 G)

½ BUND GLATTE PETERSILIE

1 UNBEHANDELTE BIO-ZITRONE

1 EL KAPERN

2 SCHEIBEN TOASTBROT

50 ML TRAUBENKERNÖL

SALZ

70 G BUTTER

30 G LEICHT GESALZENE BUTTER

FÜR DAS PÜREE

1 KG GROSSE, MEHLIGKOCHENDE KARTOFFELN (Z. B. AGRIA)

40 ML MILCH

200 G KALTE BUTTER

GROBES SALZ

Sind die Seezungen nicht küchenfertig, die Haut abziehen, die Köpfe entfernen, die Seitengräten abschneiden und die Fische ausnehmen. Die Seezungen waschen, trocken tupfen und auf einem sauberen Geschirrtuch im Kühlschrank trocknen lassen.

Das Kartoffelpüree wie auf Seite 60 beschrieben zubereiten.

Die Petersilie waschen, trockenschütteln und die Blättchen grob hacken. Die Zitrone filetieren und die Filets in kleine Würfel schneiden. Jeweils abgedeckt beiseitestellen. Die Kapern in einem kleinen Sieb abtropfen lassen.

Das Toastbrot entrinden und in 1 cm große Würfel schneiden. Das Öl in einer Pfanne erhitzen und die Brotwürfel darin unter Rühren rösten, sodass sie gleichmäßig bräunen. Sobald sie goldbraun sind, auf Küchenpapier geben und direkt salzen.

In einer großen Pfanne aus den beiden Buttersorten eine Nussbutter herstellen (siehe Seite 16), aber nicht kühlen. Die Seezungen hineingeben und braten. Währenddessen immer wieder etwas Butter darüberlöffeln. Wenden und auch die andere Seite schön braun braten. Wiederum kontinuierlich Butter darübergeben.

Der Fisch ist gar, wenn sich das Fleisch von der Mittelgräte löst.

Die gehackte Petersilie, die Zitronenwürfel und die Kapern hinzufügen und 1 Minute mitgaren.

Die Seezungen aus der Pfanne heben. Die Filets mithilfe eines Messers oder Löffels von der Mittelgräte lösen.

Die Seezungenfilets mit den Würzzutaten und den Croûtons in der Pfanne anrichten und mit dem Kartoffelpüree servieren.

Die gegarten Seezungenfilets lassen sich leichter filetieren, wenn sie sorgfältig ausgelöst wurden und das Fleisch wirklich durchgegart ist.

LA BLANQUETTE DE VEAU

KALBSFRIKASSEE

Zutaten

FÜR 4 PERSONEN

FÜR DAS RAGOUT

- 200 G PARIERTE KALBSSCHULTER
- 200 G KALBSBRUST
- 200 G KALBSBRUSTSPITZEN
- 1 KALBSFUSS, LÄNGS GESPALTEN
- SALZ
- 2 KAROTTEN
- 2 NAVETTEN (ALTERNATIV MAIRÜBCHEN)
- 2 STANGEN STAUDENSELLERIE
- 2 WEISSE ZWIEBELN (ALTERNATIV 1 GEMÜSEZWIEBEL)
- 4 GEWÜRZNELKEN
- 3 KNOBLAUCHZEHEN
- 3 ZWEIGE THYMIAN
- 2 LORBEERBLÄTTER
- 1 ZWEIG ROSMARIN
- 3 G SCHWARZE PFEFFERKÖRNER (ETWA 1 ½ TL)
- 4 FRÜHLINGSZWIEBELN
- 500 ML SÜSSE SAHNE

FÜR DIE GEMÜSEEINLAGE

- 400 G JUNGE, NICHT ZU GROSSE KAROTTEN
- 200 G FRISCHE CHAMPIGNONS
- 1 ZITRONE
- OLIVENÖL
- FLEUR DE SEL UND SCHWARZER PFEFFER AUS DER MÜHLE
- 30 ML WEISSWEIN

RAGOUT

Die verschiedenen Fleischsorten in große Stücke schneiden. In einen Schmortopf geben, mit kaltem Salzwasser bedecken und abgedeckt zum Kochen bringen.

Die Karotten, Navetten und Selleriestangen putzen und ebenfalls in große Stücke schneiden. Die Zwiebeln abziehen und mit den Gewürznelken spicken.

Wenn das Wasser kocht, mit einem Schaumlöffel Fett und Trübstoffe abschöpfen. Dann das Gemüse, die Zwiebeln, die Knoblauchzehen, Thymian, Lorbeerblätter, Rosmarin und Pfefferkörner hinzufügen. Bei geringer Temperatur abgedeckt 3 Stunden simmern lassen. Regelmäßig den Schaum abschöpfen.

Den Kalbsfuß entfernen, das zart geschmorte Fleisch herausheben und beiseitestellen. Den Sud durch ein Spitzsieb oder ein mit einem sauberen Tuch ausgelegtes Sieb in einen Topf abseihen und erneut zum Kochen bringen.

Die Frühlingszwiebeln waschen, putzen und 5 Minuten im Kalbsfond garen. Herausheben und den Fond offen auf die Hälfte einkochen lassen. Die Sahne unterrühren und die Sauce reduzieren, bis sie eine sirupartige Konsistenz annimmt.

GEMÜSEEINLAGE

Den Backofen auf 200 °C Ober- und Unterhitze vorheizen.

Die Karotten gut waschen. Die Champignons putzen, trocken abreiben und vierteln. Den Saft der Zitrone auspressen.

Etwas Öl in einer Bratreine verteilen, die Karotten hineingeben und mit Salz und Pfeffer würzen. Im vorgeheizten Backofen auf der mittleren Schiene 10 Minuten schmoren. Mehrfach wenden, damit sie rundum gleichmäßig bräunen.

Währenddessen etwas Öl in einer Pfanne erhitzen und die Pilze darin stark anbraten. Mit Zitronensaft und Weißwein ablöschen und 5 Minuten bei mittlerer Temperatur schmoren lassen. Mit Salz und Pfeffer würzen.

Das Fleisch, Karotten und Champignons in die Sauce geben und servieren.

1
9
5
6

LA POULE AU POT

HUHN IM TOPF

Zutaten

FÜR 6 PERSONEN

1 KÜCHENFERTIGES SUPPENHUHN AUS BODENHALTUNG

2 WEISSE ZWIEBELN (ALTERNATIV 1 GEMÜSEZWIEBEL)

1 STÄNGEL ZITRONENGRAS

20 G INGWER

3 STERNANIS

2 G PFEFFERKÖRNER (ETWA 1 TL)

3 STANGEN ZIMT

1 STANGE LAUCH

200 G KNOLLENSELLERIE

3 KAROTTEN

1 NAVETTE (ALTERNATIV MAIRÜBCHEN)

100 G SHIITAKE-PILZE ODER CHAMPIGNONS

2 ZWEIGE THYMIAN

1 ZWEIG ROSMARIN

Das Huhn in einen Schmortopf geben, mit kaltem Wasser bedecken und abgedeckt zum Kochen bringen.

Die Zwiebeln halbieren. Das Zitronengras putzen, längs halbieren und flach klopfen. Den Ingwer schälen und in Scheiben schneiden. Die Zwiebeln mit der Schnittseite nach unten, Zitronengras, Ingwer, Sternanis, Pfefferkörnern und Zimtstangen in eine Pfanne geben und trocken anrösten.

Den Lauch gründlich waschen. Lauch, Sellerie, Karotten, Navette sowie Pilze putzen und das Gemüse in grobe Stücke schneiden.

Mit einem Schaumlöffel Fett und Trübstoffe abschöpfen, sobald die Hühnerbrühe leise köchelt. Das vorbereitete Gemüse sowie die gerösteten Zwiebeln, Gewürze, Thymian und Rosmarin hinzufügen. Bei sehr geringer Temperatur abgedeckt 3 Stunden simmern lassen. Regelmäßig den Schaum abschöpfen.

Das Suppenhuhn herausheben und den Sud durch ein Spitzsieb oder ein mit einem sauberen Tuch ausgelegtes Sieb in einen Topf abseihen.

Die aufgefangene Brühe separat als Vorspeise servieren oder nach Belieben als Hühnerfond verwenden. Das Gemüse entfernen. Das Huhn zerteilen und separat (z. B. mit kurz gegartem Gemüse und einer Sauce) servieren.

Wenn Sie eine Brühe mit etwas vollmundigerem Aroma bevorzugen, lassen Sie diese noch etwas einkochen.

LA DINDE AUX MARRONS

PUTE MIT MARONENCREME

Zutaten

FÜR 8 PERSONEN

FÜR DIE PUTE

1 KÜCHENFERTIGE PUTE (ETWA 3 KG)

SALZ

1 SCHALOTTE

2 JUNGE KNOBLAUCHZEHEN

50 G BUTTER

3 ZWEIGE THYMIAN

1 ZWEIG ROSMARIN

TRAUBENKERNÖL

SALZ UND SCHWARZER PFEFFER AUS DER MÜHLE

FÜR DIE MARONENCREME

1 WEISSE ZWIEBEL

20 G BUTTER

1 ZWEIG THYMIAN

1 JUNGE KNOBLAUCHZEHE

1 PÄCKCHEN VAKUUM-VERPACKTE MARONEN (400 G)

200 ML HÜHNERBRÜHE (SIEHE SEITE 44)

200 ML SÜSSE SAHNE

PUTE

Den Backofen auf 200 °C Ober- und Unterhitze vorheizen.

Die Pute innen und außen waschen, trocken tupfen und die Bauchhöhle mit Salz würzen. Die Schalotte abziehen und dritteln. Die Knoblauchzehen samt Häutchen mit dem Handballen zerdrücken.

Die Pute mit der Butter, Schalotte, Knoblauch, Thymian und Rosmarin füllen. Die Keulen zusammenbinden.

Die Pute mit der Brust nach unten in eine mit Öl gefettete Bratreine legen und im vorgeheizten Backofen auf der mittleren Schiene 90 Minuten garen. Während des Garens alle 10 Minuten Bratfett über die Pute löffeln.

Den Bräter aus dem Ofen nehmen und die Pute wenden. Auf der unteren Schiene noch 1 Stunde garen.

Die durchgegarte Pute auf einem Rost in die Bratreine abtropfen lassen. Den Bratensaft auffangen und separat dazu servieren.

MARONENCREME

Die Zwiebel abziehen und in feine Ringe schneiden. In einem Topf die Butter aufschäumen, Zwiebel, Thymian und die Knoblauchzehe samt Häutchen anschwitzen. Die Maronen grob hacken und zugeben. Schließlich mit der Hühnerbrühe ablöschen und 20 Minuten kochen lassen.

Von der heißen Platte nehmen und den Thymianzweig entfernen. Die Maronen in der Brühe pürieren. Mit der Sahne glatt verrühren und die Creme mit Salz und frisch gemahlenem Pfeffer abschmecken.

LE GRATIN DE DAURADE

ÜBERBACKENE DORADEN

Zutaten

FÜR 2 PERSONEN

2 SCHALOTTEN

2 G GANZE PFEFFERKÖRNER (ETWA 1 TL)

100 ML WEISSWEIN

230 G KALTE BUTTER

SAFT VON ½ ZITRONE

1 STÄNGEL BASILIKUM

500 G SPINAT

1 KNOBLAUCHZEHE

300 G RIESENCHAMPIGNONS (Ø 8–9 CM)

OLIVENÖL

2 DORADENFILETS À 200 G

FÜR DIE GARNITUR

50 G SEMMELBRÖSEL

20 G BABYSPINAT

20 G CHAMPIGNON

Für die Beurre blanc die Schalotten abziehen und fein hacken. Mit den Pfefferkörnern und etwa 30 ml Weißwein in einen Topf geben und um drei Viertel reduzieren.

Nach und nach 200 g kalte Butter in Flöckchen zugeben und glatt rühren. Einen Schuss Zitronensaft unterrühren, den Basilikumstängel 5 Minuten in der Sauce ziehen lassen. Durch ein Spitzsieb passieren und beiseitestellen.

Den Spinat waschen und verlesen. Die Knoblauchzehe abziehen und in feine Scheiben schneiden. Die Champignons putzen, trocken abreiben und grob hacken. In einem weiten Topf die 30 g Butter zerlassen, die Knoblauchzehe anschwitzen, den Spinat zugeben und 1 Minute zusammenfallen lassen. Aus dem Topf heben und beiseitestellen.

Die Champignons in den heißen Topf geben und bei hoher Temperatur anbraten. Mit den 70 ml Weißwein ablöschen und offen 5 Minuten leise köcheln lassen.

In einer Pfanne etwas Olivenöl erhitzen und die Doradenfilets darin auf jeder Seite 2 Minuten braten, ohne dass sie Farbe annehmen. Herausheben.

GARNITUR

Den Backofengrill auf 220 °C vorheizen. Die Champignons in eine Fischpfanne (Poisonnière) geben und erhitzen. Die Pilze in der Mitte der Pfanne arrangieren, den Spinat drum herum verteilen, die Doradenfilets obenauf legen und alles mit der Beurre blanc übergießen.

Mit Semmelbröseln bestreuen und unter dem Backofengrill gratinieren.

Vor dem Servieren mit Spinatblättchen und dem blättrig geschnittenen Champignon dekorieren.

1
9
5
7

SAINT-JACQUES ET POMMES DE TERRE

JAKOBSMUSCHELN MIT KARTOFFELN

Zutaten

FÜR 4 PERSONEN

400 G KLEINE FRÜHKARTOFFELN AUS NOIRMOUTIER (FRANZÖSISCHE SPEZIALITÄT, ALTERNATIV »DRILLINGE«)

1 GROSSE, AROMATISCHE BIO-ZITRONE

1 KNOBLAUCHZEHE

½ BUND GLATTE PETERSILIE

50 G BUTTER

20 GROSSE, KÜCHENFERTIG AUSGELÖSTE JAKOBSMUSCHELN

Die ungeschälten Kartoffeln dämpfen. Anschließend pellen.

Die Zitrone heiß waschen, von einer Hälfte 4 sehr dünne Scheiben schneiden. Den Saft der verbliebenen Zitrone auspressen. Den Knoblauch abziehen und fein hacken. Die Petersilie waschen, trockenschütteln und fein hacken.

Die Hälfte der Butter in einer Pfanne erhitzen und die Jakobsmuscheln darin von jeder Seite 1 Minute braten. Die Zitronenscheiben hinzufügen und kurz mitgaren, wobei die Muscheln und Zitronenscheiben leicht am Pfannenboden anbacken dürfen.

Die übrige Butter und den Knoblauch hinzufügen und 1 Minute mitgaren.

Die Jakobsmuscheln aus der Pfanne heben. Den Bratensatz mit dem Zitronensaft ablöschen und leicht einkochen lassen.

Die Kartoffeln darin schwenken. Die Jakobsmuscheln wieder in die Pfanne geben und alles mit Petersilie bestreut servieren.

Sie können die Kartoffeln zum Beispiel in einem Couscous-Topf bzw. Kartoffeldämpfer garen.

1958

RATATOUILLE FROIDE

KALTES RATATOUILLE

Zutaten

FÜR 4 PERSONEN

1 KG OCHSENHERZ-TOMATEN

2 KNOBLAUCHZEHEN

4 STÄNGEL PETERSILIE

OLIVENÖL

SALZ UND SCHWARZER PFEFFER AUS DER MÜHLE

1 GRÜNE ZUCCHINI

1 GELBE ZUCCHINI

2 AUBERGINEN

1 ROTE PAPRIKASCHOTE

1 GELBE PAPRIKASCHOTE

4 SCHALOTTEN

4 ZWEIGE THYMIAN

FÜR DIE LANDBROT-TOASTS

2 KNOBLAUCHZEHEN

4 GROSSE SCHEIBEN HELLES SAUERTEIGBROT

20 ML OLIVENÖL EXTRA VERGINE

Die Tomaten waschen, trocken tupfen, die Stielansätze herausschneiden und die Tomaten halbieren. Eine Knoblauchzehe abziehen. Die Petersilie waschen, trockenschütteln und die Blättchen vom Stängel zupfen. Die Tomaten mit der Schnittfläche nach oben in eine mit Olivenöl gefettete Bratreine setzen, salzen und pfeffern. Knoblauch und Petersilie dazugeben und alles mit Alufolie abdecken.

Im Backofen bei 120 °C auf der mittleren Schiene 1 Stunde garen. Herausnehmen und pürieren.

Das Gemüse waschen, putzen und klein würfeln. Etwas Öl in einer hohen Pfanne hoch erhitzen und die Gemüsewürfel darin unter Rühren zügig anbraten. In ein Sieb geben und abtropfen lassen.

Die Schalotten und die zweite Knoblauchzehe abziehen und fein würfeln. Die Schalotten in einem Topf in etwas Olivenöl anschwitzen. Das sautierte Gemüse hinzufügen und abgedeckt 5 Minuten garen Die Tomatensauce darübergeben, Knoblauch und Thymian hinzufügen und das Ratatouille 30 Minuten abgedeckt bei kleiner Temperatur leise köcheln lassen.

Das Ratatouille abkühlen lassen und anschließend für mindestens 1 Stunde kalt stellen. Gekühlt servieren.

LANDBROT-TOASTS

Die Knoblauchzehen abziehen und fein zerdrücken. Die Brotscheiben beidseitig damit bestreichen und in einer Pfanne mit etwas Olivenöl von beiden Seiten anbraten. Zum Ratatouille servieren.

1
9
5
9

CONCOMBRES À LA CRÈME

GURKENSALAT MIT SAHNE

Zutaten

FÜR 4 PERSONEN

½ BUND ESTRAGON

½ BUND SCHNITTLAUCH

200 ML SÜSSE SAHNE

SAFT VON 1 ZITRONE

2 GURKEN

SALZ UND SCHWARZER PFEFFER AUS DER MÜHLE

Die Kräuter waschen, trockenschütteln. Den Estragon fein hacken, den Schnittlauch in Röllchen schneiden. Die Sahne mit dem Zitronensaft verquirlen und die Kräuter unterrühren.

Die Gurken gut waschen. Ungeschält mitsamt der Kerne in feine Scheiben hobeln und in eine Schüssel geben.

Die Sahnesauce unter die Gurken ziehen, mit Salz und frisch gemahlenem Pfeffer würzen und sofort servieren.

BŒUF BOURGUIGNON

BŒUF BOURGUIGNON

Zutaten

FÜR 4 PERSONEN

1 ZWIEBEL

1 STANGE LAUCH

1 KAROTTE

3 NAVETTEN (ALTERNATIV MAIRÜBCHEN)

4 STANGEN STAUDENSELLERIE

4 PARIERTE OCHSENBÄCKCHEN

¼ BUND THYMIAN

3 ZWEIGE ROSMARIN

3 LORBEERBLÄTTER

1 VOGELAUGENCHILISCHOTE (PEPERONCINI)

2 L ROTWEIN

50 G MEHL

TRAUBENKERNÖL

SALZ UND SCHWARZER PFEFFER AUS DER MÜHLE

Die Zwiebel abziehen und in Ringe schneiden. Das Gemüse putzen und in große Stücke schneiden. Die Ochsenbäckchen zusammen mit Zwiebel, Thymian, Rosmarin, Lorbeerblättern, der Chilischote und dem Gemüse 24 Stunden im Rotwein marinieren.

Das Ochsenbäckchen ist ideal für ein Bœuf Bourguignon: Es gart zart und saftig und wird auch bei langer Schmorzeit nicht zäh.

Den Backofen auf 250 °C Ober- und Unterhitze vorheizen. Die Ochsenbäckchen aus der Marinade heben, gut abtropfen lassen und dann rundum mehlieren. In einem großen Bräter etwas Öl erhitzen und das Fleisch hineingeben.

Im vorgeheizten Backofen auf der mittleren Schiene 20 Minuten rösten, nach 10 Minuten wenden. Das Fleisch sollte rundum gut angebraten sein, damit sich eine schützende Kruste bildet (dies ist wichtig, da sich das Fleisch während des Garens entspannt und so weniger Fleischsaft an die Sauce abgibt).

Das Gemüse, die Kräuter und Gewürze zu den Ochsenbäckchen in den Bräter geben und so viel Rotweinmarinade angießen, dass alles gut bedeckt ist. Erhitzen und dann bei geringer Temperatur 4 Stunden zugedeckt schmoren lassen.

Die Ochsenbäckchen und das Gemüse aus dem Sud heben und in mundgerechte Würfel schneiden.

Den Bratensaft durch einen Seiher in einen Topf passieren und einkochen, bis die Sauce eine sirupartige Konsistenz annimmt. Mit Salz und Pfeffer abschmecken.

Das Fleisch und das Gemüse zurück in die Sauce geben, erwärmen und servieren.

Nach Passieren des Bratensafts können Sie ein Stück dunkle Schokolade hinzufügen. Dies verbessert die Bindung und verleiht der Sauce einen schönen Glanz.

1
9
6
1

NAVARIN DE VEAU

KALBS-NAVARIN

Zutaten

FÜR 6 PERSONEN

FÜR DAS FLEISCH

400 G KALBSNACKEN

600 G KALBSSCHULTER

1 KALBSFUSS, LÄNGS GESPALTEN

1 KAROTTE

1 NAVETTE (ALTERNATIV MAIRÜBCHEN)

1 STANGE LAUCH

3 ZWEIGE THYMIAN

1 ZWEIG ROSMARIN

3 FRISCHE KNOBLAUCHZEHEN

1 VOGELAUGENCHILISCHOTE (PEPERONCINI)

TRAUBENKERNÖL

500 G GROSSE, SEHR REIFE TOMATEN

50 ML WEISSWEIN

500 ML GEFLÜGELBRÜHE (SIEHE SEITE 44)

200 G KLEINE FRÜHKARTOFFELN AUS NOIRMOUTIER (FRANZÖSISCHE SPEZIALITÄT, ALTERNATIV »DRILLINGE«)

FÜR DAS GLASIERTE GEMÜSE

12 FRISCHE PERLZWIEBELN

8 JUNGE ODER MINI-KAROTTEN

4 NAVETTEN (ALTERNATIV MAIRÜBCHEN)

100 G ZUCKER

50 G BUTTER

100 ML GEFLÜGELBRÜHE

100 ML KALBSJUS

FLEISCH

Das Kalbfleisch 30 Minuten vor Beginn der Zubereitung aus dem Kühlschrank nehmen. Karotte, Navetten und Lauch putzen und in große Stücke schneiden. Die Kräuter waschen und trockenschütteln, die Knoblauchzehen im Häutchen belassen. Alles grob hacken. Das Fleisch in große Würfel schneiden.

In einem Schmortopf etwas Öl erhitzen und das Kalbfleisch darin von allen Seiten goldbraun anbraten. Das vorbereitete Gemüse mit Ausnahme der Tomaten, die Kräuter und die Chilischote hinzufügen und alles 5–10 Minuten weiterbraten.

Die Tomaten waschen, trocken tupfen, die Stielansätze herausschneiden und die Tomaten grob würfeln. Den Schmortopf mit dem Weißwein ablöschen, die Tomaten zugeben und alles weitere 10 Minuten schmoren lassen.

Mit der kochend heißen Geflügelbrühe ablöschen und abgedeckt bei geringer Temperatur 1 ½ Stunden schmoren.

Nach etwa 1 Stunde Schmorzeit die Kartoffeln gründlich waschen und etwa 20 Minuten mitgaren. Mit einem kleinen spitzen Küchenmesser einstechen, um zu prüfen, ob sie gar sind. Die Klinge sollte leicht hindurchgleiten. Den Kalbsfuß entfernen. Kartoffeln, Schmorgemüse, Kräuter und Gewürze vom Fleisch getrennt aus dem Bratensaft heben und jeweils beiseitestellen. Den Kalbsjus eventuell noch etwas einkochen lassen, bis seine Konsistenz mehr einem kräftigen Schmorsaft gleicht als einer dünnen Brühe.

GLASIERTES GEMÜSE

Die Gemüsesorten unbedingt separat garen, da sie unterschiedliche Garzeiten haben. Die Perlzwiebeln abziehen. Die Karotten putzen. Die Navetten dünn schälen, größere Exemplare halbieren. Die gegarten Kartoffeln pellen und abgedeckt beiseitestellen, sie werden nicht glasiert.

Zucker, Butter und Geflügelbrühe in einem weiten Topf erhitzen und leicht einkochen lassen. Nacheinander das jeweilige Gemüse sowie etwas Kalbsjus zugeben und das Gemüse etwas weicher als bissfest garen. Es sollte von zarter Konsistenz und rundum ganz leicht glasiert sein.

Abschließend das Kalbfleisch mit den Kartoffeln und den Tomaten in den verbliebenen Jus geben und bei Bedarf noch einmal erwärmen. Das glasierte Gemüse zugeben und servieren.

HACHIS PARMENTIER

KARTOFFEL-HACKFLEISCH-AUFLAUF

Zutaten

FÜR 4 PERSONEN

1 ZWIEBEL

1 STANGE LAUCH

1 KAROTTE

3 NAVETTEN (ALTERNATIV MAIRÜBCHEN)

4 STANGEN STAUDENSELLERIE

4 PARIERTE OCHSENBÄCKCHEN

2 L ROTWEIN

¼ BUND THYMIAN (ODER 2–3 ZWEIGE)

3 ZWEIGE ROSMARIN

3 LORBEERBLÄTTER

1 VOGELAUGENCHILISCHOTE

50 G MEHL

TRAUBENKERNÖL

SALZ UND SCHWARZER PFEFFER AUS DER MÜHLE

FÜR DAS KARTOFFELPÜREE

1 KG GROSSE, MEHLIGKOCHENDE KARTOFFELN (Z. B. AGRIA)

GROBES SALZ

40 ML MILCH

200 G KALTE BUTTER (INKL. FETT FÜR DAS BLECH)

100 G SELBST GEMACHTE SEMMELBRÖSEL ODER PANKOMEHL (AUS DEM ASIALADEN)

Das Bœuf Bourguignon zubereiten wie auf Seite 56 beschrieben.

Die Ochsenbäckchen für dieses Gericht nicht in Würfel, sondern in Scheiben schneiden, zurück in den Schmorsaft geben und diesen reduzieren, bis fast die gesamte Flüssigkeit verdampft ist.

KARTOFFELPÜREE

Den Backofen auf 200 °C Umluft vorheizen. Die Kartoffeln gut waschen, auf ein dünn gefettetes Blech oder in eine Fettpfanne geben und mit grobem Salz bestreuen. Die Kartoffeln darin wälzen, sodass rundum etwas Salz anhaftet. Im vorgeheizten Backofen auf der mittleren Schiene ja nach Größe 30–60 Minuten garen. Mit einem kleinen spitzen Küchenmesser einstechen, um zu prüfen, ob sie gar sind. Die Klinge sollte leicht hindurchgleiten.

Das trockene Garen der Kartoffeln mit grobem Salz im Ofen verleiht ihnen ein intensiveres Aroma und trocknet sie etwas aus. Deswegen ziehe ich diese Garmethode dem Kochen in Wasser vor, was sie aufquellen lässt und das Püree klumpig macht.

Die Kartoffeln leicht abkühlen lassen, pellen und sie für eine noch feinere Textur durch die Kartoffelpresse oder ein Sieb drücken.

Die Milch in einem großen Topf bei geringer Temperatur erhitzen, die Kartoffelmasse zugeben und zu einem glatten Püree verrühren. Dann die Butter nach und nach in kleinen Portionen zugeben und mit einem Spatel gleichmäßig unterziehen. Den Backofen auf 200 °C Umluft vorheizen.

Den Boden einer Auflaufform mit dem eingekochten Fleisch bedecken, das Püree darauf glatt streichen und im vorgeheizten Backofen auf der mittleren Schiene 5 Minuten backen.

Den Auflauf gleichmäßig mit Semmelbröseln bestreuen und unter dem Backofengrill goldbraun gratinieren.

Ziehen Sie die Butter am besten mit einem Spatel unter das Püree. So wird dieses luftiger und die Butter verteilt sich gleichmäßiger.

LA TARTE AUX FRAISES

ERDBEERTARTE

Zutaten

FÜR 6 PERSONEN

FÜR DIE ERDBEERKONFITÜRE

500 G ERDBEEREN

300 G ZUCKER

FÜR DEN MÜRBETEIG

200 G WEIZENMEHL (TYPE 550)

FLEUR DE SEL

100 G ZIMMERWARME BUTTER

WEICHE BUTTER UND 1 EL MEHL FÜR DIE FORM

BACKPAPIER UND HÜLSENFRÜCHTE ZUM BLINDBACKEN

500 G SÜSSE, AROMATISCHE ERDBEEREN (Z. B. GARIGUETTE)

ERDBEERKONFITÜRE

Am Vortag die Erdbeeren vorsichtig waschen, putzen, längs halbieren und in einem Topf behutsam mit dem Zucker mischen. 6 Stunden marinieren.

Die Erdbeeren dann zum Kochen bringen und 10 Minuten leise köcheln lassen. Währenddessen regelmäßig abschäumen.

Die Konfitüre direkt in ein vorbereitetes Glas füllen, verschließen und auf den Kopf stellen. Bei Zimmertemperatur abkühlen lassen. Dann kalt stellen.

MÜRBETEIG

Das Mehl mit 1 Prise Fleur de Sel in einer Schüssel mischen. Die Butter in Flöckchen zugeben und mit den Fingern rasch zu Streuseln vermischen. Nach und nach bis zu 50 ml kaltes Wasser zügig einarbeiten, bis ein glatter Teig entsteht.

Den Teig zwischen zwei Lagen Backpapier 0,5 cm dick ausrollen. 1 Stunde kalt stellen.

Den Backofen auf 200 °C Ober- und Unterhitze vorheizen.

Eine Tarteform dünn einfetten und mit dem Mehl bestauben. Den Teig etwas größer als die Tarteform ausrollen und hineinlegen. Behutsam in die Form drücken, den Boden mehrfach mit der Gabel einstechen. Um den überlappenden Teig sauber zu entfernen, die Form mit dem Nudelholz überrollen. Den Boden mit Backpapier belegen und mit Hülsenfrüchten bedecken. Im vorgeheizten Backofen auf der mittleren Schiene 15–20 Minuten blind backen. Die Ränder sollten etwas Farbe annehmen.

Den Boden in der Form abkühlen lassen.

Die Tarte mit Erdbeerkonfitüre bestreichen. Die Erdbeeren behutsam waschen, putzen, längs halbieren und gleichmäßig auf dem Boden anordnen. Die Tarte bis zum Servieren kühl stellen.

LA POTÉE AU CHOU

WIRSINGTOPF MIT SAUCISSE DE MORTEAU

Zutaten

FÜR 4 PERSONEN

- 400 G GEPÖKELTE SCHWEINSHAXE
- 3 KAROTTEN
- 3 NAVETTEN (ALTERNATIV MAIRÜBCHEN)
- 1 GROSSE STANGE LAUCH
- 1 ZWIEBEL
- 4 GEWÜRZNELKEN
- 200 G GEPÖKELTER SCHWEINEBAUCH
- 3 FRISCHE KNOBLAUCHZEHEN
- 2 ZWEIGE THYMIAN
- 1 ZWEIG ROSMARIN
- 3 LORBEERBLÄTTER
- 1 WIRSING
- 4 KLEINE FRÜHKARTOFFELN AUS NOIRMOUTIER (FRANZÖSISCHE SPEZIALITÄT, ALTERNATIV MONA LISA)
- 1 SAUCISSE DE MORTEAU (FRANZÖSISCHE SPEZIALITÄT, ÜBER NADELHOLZ GERÄUCHERTE SCHWEINE-ROHWURST)
- FLEUR DE SEL UND SCHWARZER PFEFFER AUS DER MÜHLE

Die Schweinshaxe zum Entsalzen 4 Stunden in kaltes Wasser legen. Währenddessen alle 30 Minuten das Wasser wechseln.

Die Karotten, Navetten und die Stange Lauch putzen und je nach Größe eventuell grob zerteilen. Die Zwiebel abziehen und mit den Gewürznelken spicken.

Schweinshaxe, Schweinebauch, Karotten, Navetten, Lauch und die gespickte Zwiebel, die Knoblauchzehen, Thymian und Rosmarin in einen großen Topf geben. Mit kaltem Wasser bedecken, zum Kochen bringen und dann 2 Stunden abgedeckt bei geringer Temperatur simmern lassen.

Kurz vor Ende dieser Garzeit die äußeren Blätter des Wirsings entfernen, den Kohl waschen, vierteln und den Strunk herausschneiden. Den Kohl in reichlich kochendem Wasser 5 Minuten kochen. Anschließend gut abtropfen lassen. Die Kartoffeln schälen. Mit dem blanchierten Kohl und der Kochwurst in den Eintopf geben und alles weitere 30 Minuten garen.

Vor dem Servieren mit Fleur de Sel und frisch gemahlenem Pfeffer abschmecken.

LAITUE AUX LARDONS

KOPFSALAT MIT SPECKWÜRFELN

Zutaten

FÜR 4 PERSONEN

4 KOPFSALATE

200 G GERÄUCHERTER SPECK

FÜR DIE VINAIGRETTE

30 ML SHERRY-ESSIG

FLEUR DE SEL UND SCHWARZER PFEFFER AUS DER MÜHLE

100 ML OLIVENÖL EXTRA VERGINE

Die äußeren Blätter der Kopfsalate entfernen, die Salatherzen waschen und gut abtropfen lassen.

Den Speck in Würfel schneiden und in einer trockenen Pfanne bei mittlerer Temperatur rundum braun anbraten. In einem Sieb oder auf Küchenpapier entfetten.

VINAIGRETTE

Den Sherry-Essig mit Fleur de Sel und frisch gemahlenem Pfeffer gut verrühren, bis das Salz gelöst ist. Das Olivenöl in dünnem Strahl zugeben und mit einer Gabel zu einer glatten Emulsion verquirlen.

Die Salatherzen in einer großen Schüssel oder auf vier Tellern anrichten, mit der Sherry-Vinaigrette beträufeln und die noch warmen Speckwürfel darübergeben. Mit Fleur de Sel und Pfeffer würzen.

Sie können die äußeren Salatblätter anderweitig verwenden, zum Beispiel für eine Kopfsalat-Suppe (siehe Seite 142).

LES ENDIVES AU JAMBON

CHICORÉE MIT SCHINKEN

Zutaten

FÜR 4 PERSONEN

8 CHICORÉE AUS DEM FREILAND

4 SCHEIBEN GEKOCHTER SCHINKEN, 0,5 CM DICK GESCHNITTEN

FÜR DIE BÉCHAMELSAUCE

30 G COMTÉ

70 G BUTTER

70 G MEHL

1 L KALTE MILCH

Den Backofen auf 180 °C Ober- und Unterhitze vorheizen.

Den Chicorée der Länge nach halbieren, jeweils den Strunk entfernen und alle Hälften von beiden Seiten in der Pfanne anbraten.

Die Chicoréehälften mit den Schnittflächen nach unten in eine Auflaufform legen und im vorgeheizten Backofen auf der mittleren Schiene 10 Minuten backen.

Währenddessen die Béchamelsauce vorbereiten.

BÉCHAMELSAUCE

Den Comté fein reiben. In einem Topf die Butter bei mittlerer Temperatur zerlassen und kurz aufschäumen. Das Mehl unter starkem Rühren in die Butter geben und so lange weiterrühren, bis das Mehl goldgelb wird. Dann die kalte Milch nach und nach unter Rühren zugeben und alles zu einer glatten Sauce verquirlen. Bei geringer Temperatur unter Rühren zum Kochen bringen und offen köcheln lassen.

Wenn die Sauce leicht dickflüssig wird, den Comté einrühren. Die Béchamelsauce mit Klarsichtfolie bedecken, damit keine weitere Flüssigkeit verdampft und sich keine Haut bildet.

Die Ofenhitze auf 200 °C erhöhen. Die Chicoréehälften gleichmäßig mit den Schinkenscheiben belegen und mit Béchamelsauce bedecken. Im Backofen auf der mittleren Schiene 5 Minuten überbacken.

1
9
6
6

RAIE AU BEURRE NOIR ET AU PERSIL

ROCHEN MIT BEURRE NOIR UND PETERSILIE

Zutaten

FÜR 4 PERSONEN

4 FRISCHE ROCHEN-FLÜGELFILETS (À 150 G)

SALZ

15 G MEHL

2 UNBEHANDELTE ZITRONEN

70 G UNGESALZENE BUTTER

30 G LEICHT GESALZENE BUTTER

ETWA 8 STÄNGEL KRAUSE PETERSILIE

FLEUR DE SEL UND SCHWARZER PFEFFER AUS DER MÜHLE

Die Rochenfilets beidseitig salzen und in Mehl wenden. Die Zitronen heiß waschen und in dünne Scheiben schneiden.

In einer großen Pfanne aus den beiden Buttersorten eine Nussbutter herstellen (siehe Seite 16), aber nicht kühlen. Die Zitronenscheiben hineingeben und braten, bis sie leicht bräunen.

Die Rochenflügel in der Butter bei mittlerer Temperatur von beiden Seiten braten, bis sie etwas Farbe angenommen haben. Währenddessen wiederholt Butter darüberlöffeln.

Die Filets sind gar, wenn das Fleisch sich leicht vom Knorpel zu lösen beginnt.

Die Filets aus der Pfanne heben und die Petersilienstängel in der Butter frittieren. Die Rochenflügelfilets in der Beurre noir anrichten, mit Fleur de Sel und frisch gemahlenem Pfeffer würzen und mit der frittierten Petersilie garnieren.

Je frischer der Fisch, desto weniger Mehl benötigen Sie. In ein sauberes Küchentuch gewickelt, kann der Rochen eine Nacht im Kühlschrank aufbewahrt werden.

1
9
6
7

LE POULET PURÉE

HÄHNCHEN MIT KARTOFFELPÜREE

Zutaten

FÜR 6 PERSONEN

FÜR DAS HÄHNCHEN

1 MAISHÄHNCHEN

SALZ

50 G BUTTER

2 ZWEIGE THYMIAN

1 ZWEIG ROSMARIN

2 KNOBLAUCHZEHEN

30 ML OLIVENÖL EXTRA VERGINE

FÜR DAS KARTOFFELPÜREE

1 KG GROSSE, MEHLIGKOCHENDE KARTOFFELN (Z. B. AGRIA)

GROBES SALZ

40 ML MILCH

200 G KALTE BUTTER

Das Hähnchen rechtzeitig aus dem Kühlschrank nehmen, sodass es Zimmertemperatur annimmt.

KARTOFFELPÜREE

Den Backofen auf 200 °C Umluft vorheizen. Die Kartoffeln gut waschen, auf ein dünn gefettetes Blech oder in eine Fettpfanne geben und mit grobem Salz bestreuen. Die Kartoffeln darin wälzen, sodass rundum etwas Salz anhaftet. Im vorgeheizten Backofen auf der mittleren Schiene ja nach Größe 30–60 Minuten garen. Mit einem kleinen spitzen Küchenmesser einstechen, um zu prüfen, ob sie gar sind. Die Klinge sollte leicht hindurchgleiten.

Das trockene Garen der Kartoffeln mit grobem Salz im Ofen verleiht ihnen ein intensiveres Aroma und trocknet sie etwas aus. Deswegen ziehe ich diese Garmethode dem Kochen in Wasser vor, was sie aufquellen lässt und das Püree klumpig macht.

Die Kartoffeln leicht abkühlen lassen, pellen und sie für eine noch feinere Textur durch die Kartoffelpresse oder ein Sieb drücken.

Die Milch in einem großen Topf bei mittlerer Temperatur erhitzen, die Kartoffelmasse zugeben und zu einem glatten Püree verrühren. Dann die Butter nach und nach in kleinen Portionen zugeben und mit einem Spatel gleichmäßig unterziehen.

HÄHNCHEN

Die Backofenhitze auf 180 °C reduzieren.

Das Hähncheninnere leicht salzen. Mit Butter, Thymian, Rosmarin und den Knoblauchzehen füllen.

Das Hähnchen im Bräter rundum mit Olivenöl beträufeln und mit der Brust nach unten hineinlegen. Im vorgeheizten Backofen auf der mittleren Schiene 40 Minuten garen, dabei alle 10 Minuten mit dem austretenden Fett übergießen. Nach der Hälfte der Garzeit wenden.

Das durchgegarte Hähnchen aus dem Bräter heben und auf ein Blech legen. Im abgeschalteten Ofen 10 Minuten abtropfen lassen.

Das Püree noch einmal erwärmen und mit dem Hähnchen servieren.

LA CRÈME CARAMEL

CRÈME CARAMEL

Zutaten

FÜR 4 PERSONEN

250 G ZUCKER

800 ML MILCH

2 VANILLESCHOTEN

6 EIER

Für den Karamell 100 g Zucker in einem kleinen Topf unter Rühren schmelzen lassen, mit 40 ml Wasser einen flüssigen Karamell herstellen. Diesen in eine Auflaufform oder in vier kleine, ofenfeste Förmchen geben, schwenken, bis der ganze Boden bedeckt ist, und erstarren lassen.

Den Backofen auf 160 °C vorheizen.

Die Milch mit dem ausgekratzten Mark der Vanilleschoten zum Kochen bringen. Aufkochen lassen und von der heißen Platte nehmen.

Die Eier mit 150 g Zucker hell schaumig aufschlagen. Zunächst wenige Löffel, dann nach und nach die warme Vanillemilch unterrühren. Die Creme auf den Karamell gießen.

Die Form bzw. Förmchen in eine Fettpfanne stellen, heißes Wasser angießen und die Creme im Wasserbad im vorgeheizten Backofen auf der mittleren Schiene 40–50 Minuten garen.

Die Crème caramel abkühlen lassen und anschließend für mindestens 4 Stunden, am besten über Nacht, kalt stellen.

Vor dem Servieren die Förmchen mit der Unterseite kurz in heißes Wasser tauchen.

1969

CÉLERI RÉMOULADE

SELLERIE-REMOULADE

Zutaten

FÜR 4 PERSONEN

2 FRISCHE EIGELB

1 TL DIJONSENF

200 ML NEUTRALES ÖL

40 ML ZITRONENSAFT

30 ML WEISSWEINESSIG

SALZ UND SCHWARZER PFEFFER AUS DER MÜHLE

1 KNOLLENSELLERIE

Bei Verwendung gekühlter Eier (benötigt wird nur das Eigelb), diese in lauwarmes Wasser legen, um sie auf Zimmertemperatur zu bringen.

Die Eier trennen, das Eiweiß für eine anderweitige Verwendung kalt stellen. Das Eigelb in einer kleinen Schüssel mit dem Senf glatt rühren. Das Olivenöl langsam – erst tropfenweise, dann in dünnem Strahl – unter ständigem Rühren zugeben und kräftig verquirlen. Sollte die Mayonnaise gerinnen, etwas eiskaltes Wasser hinzufügen. Abschließend mit Zitronensaft und Essig zu einer Emulsion verrühren. Mit Salz und frisch gemahlenem Pfeffer abschmecken.

Den Sellerie schälen und fein reiben oder mit dem Julienne- oder Spiralschneider in feine Streifen schneiden. Sellerie und Mayonnaise gut mischen und bis zum Servieren kalt stellen.

Um dem Gericht eine frische Note zu verleihen, können Sie fein geriebene Apfelraspel (Granny Smith) unterziehen.

LES ASPERGES SAUCE MOUSSELINE

SPARGEL MIT SAUCE MOUSSELINE

Zutaten

FÜR 2 PERSONEN

FÜR DIE SAUCE MOUSSELINE

2 EIER

1 TL DIJONSENF

200 ML TRAUBENKERNÖL

40 ML WEISSWEINESSIG

FÜR DEN SPARGEL

12 STANGEN FRISCHER WEISSER SPARGEL

SALZ

1 BUND SCHNITTLAUCH

FLEUR DE SEL UND SCHWARZER PFEFFER AUS DER MÜHLE

SAUCE MOUSSELINE

Die Eier trennen. Das Eigelb in einer kleinen Schüssel mit dem Senf glatt rühren. Das Traubenkernöl langsam – erst tropfenweise, dann in dünnem Strahl – unter ständigem Rühren zugeben und kräftig verquirlen. Abschließend mit dem Essig zu einer Emulsion verrühren.

Das Eiweiß nicht zu steif schlagen und den Eischnee unter die Mayonnaise heben. Abgedeckt kühl stellen.

SPARGEL

Den Spargel schälen, die Köpfchen dabei aussparen, und die holzigen Enden abschneiden. In einem Spargel- oder Fischkochtopf Salzwasser (½ TL Salz je Liter Wasser) zum Kochen bringen. Den Spargel ins kochende Wasser geben, er sollte gerade so bedeckt sein bzw. mit den unteren zwei Dritteln im Wasser stehen, und etwa 10–12 Minuten garen. Währenddessen den Schnittlauch waschen, trockenschütteln und in Röllchen schneiden.

Um zu prüfen, ob die Spargelstangen schon zart sind, mit einem kleinen spitzen Küchenmesser einstechen. Den Spargel herausheben und auf zwei Tellern anrichten. Mit Fleur de Sel und frisch gemahlenem Pfeffer würzen und mit einem großzügigen Löffel Sauce Mousseline sowie Schnittlauch garnieren. Die übrige Sauce separat dazu servieren.

1
9
7
1

LE GRATIN DAUPHINOIS

KARTOFFELGRATIN »DAUPHINOIS«

Zutaten

FÜR 4 PERSONEN

500 G MEHLIGKOCHENDE KARTOFFELN (Z. B. AGRIA)

BUTTER FÜR DIE FORM

SALZ UND SCHWARZER PFEFFER AUS DER MÜHLE

500 ML SÜSSE SAHNE

Die Kartoffeln waschen, schälen und mit einem hochwertigen Gemüsehobel (Mandoline) längs in etwa 0,5 cm dicke Scheiben schneiden. Besonders attraktiv wird das Gratin, wenn aus diesen mit einem Ausstechförmchen 4 cm große Kreise ausgestochen werden.

Den Backofen auf 160 °C Umluft vorheizen.

Eine Auflaufform dünn einfetten und die Kartoffelscheiben rosettenartig darin anordnen: Die Scheibchen sollten sich dabei jeweils zu einem Viertel überlappen. Mit Salz und frisch gemahlenem Pfeffer würzen und mit etwas Sahne übergießen. Diesen Schichtprozess noch zweimal wiederholen.

Das Gratin im vorgeheizten Backofen auf der mittleren Schiene 25 Minuten backen.

Es ist perfekt, wenn die Oberfläche leicht gebräunt ist und die Klinge eines kleinen spitzen Küchenmessers widerstandslos durch die Kartoffeln gleitet.

Durch die überlappende Anordnung garen die Kartoffelscheiben gleichmäßiger.

LA POULE AU RIZ

HÜHNCHEN MIT REISPILAW

Zutaten

FÜR 6 PERSONEN

FÜR DAS HÜHNCHEN IM TOPF

1 KÜCHENFERTIGES SUPPENHUHN AUS BODENHALTUNG (MINDESTENS 2 KG)

GROBES SALZ

5 G SCHWARZE PFEFFERKÖRNER (ETWA 2 ½ TL)

1 STANGE LAUCH

2 KAROTTEN

1 STANGE STAUDENSELLERIE

2 NAVETTEN (ALTERNATIV MAIRÜBCHEN)

1 ZWIEBEL

2 GEWÜRZNELKEN

500 ML SÜSSE SAHNE

FÜR DAS REISPILAW

30 G BUTTER

2 SCHALOTTEN

2 ZWEIGE THYMIAN

1 ZWEIG ROSMARIN

1 FRISCHE KNOBLAUCHZEHE

200 G BASMATIREIS

30 ML WEISSWEIN

500 ML HÜHNERBRÜHE

SALZ UND SCHWARZER PFEFFER AUS DER MÜHLE

HÜHNCHEN IM TOPF

Das Huhn in einen Schmortopf geben, mit kaltem Wasser bedecken und zugedeckt zum Kochen bringen. Eine kleine Handvoll grobes Salz und die Pfefferkörner hinzufügen.

Den Lauch gründlich waschen und putzen. Karotten, Staudensellerie und Navetten schälen und in Stücke beliebiger Größe teilen. Die ungeschälte Zwiebel mit den Gewürznelken spicken.

Mit einem Schaumlöffel Fett und Trübstoffe abschöpfen, sobald die Hühnerbrühe leise köchelt. Das vorbereitete Gemüse und die Zwiebel hinzufügen. Bei sehr geringer Temperatur abgedeckt 3 Stunden simmern lassen. Regelmäßig den Schaum abschöpfen.

Das Suppenhuhn herausheben und den Sud durch ein Spitzsieb oder ein mit einem sauberen Tuch ausgelegtes Sieb in einen Topf abseihen und leicht einkochen lassen. Etwa 500 ml für das Reispilaw beiseitestellen. Den übrigen Fond offen auf die Hälfte einkochen lassen. Die Sauce reduzieren, bis sie eine sirupartige Konsistenz annimmt, dann die Sahne unterrühren.

REISPILAW

In einem Topf die Butter zerlassen.

Die Schalotten abziehen und hacken. Mit Thymian, Rosmarin und Knoblauchzehe im Häutchen zur Butter geben und anschwitzen lassen.

Den Reis gut einrühren und kurz mitbraten.

Mit Weißwein ablöschen, dann die 500 ml kochend heiße Hühnerbrühe angießen und alles 12 Minuten kochen lassen. (Der feinkörnige Basmatireis gart schneller als andere Reissorten.) Mit Salz und frisch gemahlenem Pfeffer abschmecken.

Auf sechs Tellern jeweils ein Stück Fleisch und etwas Reis anrichten. Das Gemüse mit etwas Sauce überziehen und separat dazu reichen.

Wenn Sie den Fond einkochen lassen, statt eine Mehlschwitze zuzubereiten, vermeiden Sie, das Saucenaroma durch einen Mehlbeigeschmack zu beeinträchtigen.

1976

LA TERRINE DE FOIE GRAS AU PORTO

FOIE-GRAS-TERRINE MIT PORTWEIN

Zutaten

FÜR EINE TERRINENFORM

FÜR DIE FOIE GRAS

300 G ROHE FOIE GRAS DE CANARD (ENTENSTOPFLEBER) OHNE SEHNEN

4 G SALZ

1 G SCHWARZER PFEFFER AUS DER MÜHLE

20 ML PORTWEIN

20 ML ARMAGNAC

FÜR DAS PORTWEINGELEE

2 BLATT GELATINE

100 ML PORTWEIN

50 ML NICHT REDUZIERTER JUS VOM BŒUF BOURGUIGNON (SIEHE SEITE 56)

FOIE GRAS

Gefrorene und gekühlte Foie gras rechtzeitig aus dem Kühlschrank nehmen, sodass sie bis zur Zubereitung Zimmertemperatur annimmt.

Dann den Backofen auf 160 °C Ober- und Unterhitze vorheizen.

Die zimmerwarme Foie gras mit Salz und frisch gemahlenem Pfeffer würzen und in eine passende Terrinenform geben. Den Portwein und den Armagnac angießen. Die Leber mit einem Löffel flach drücken und den Deckel auflegen.

Die Terrine in einen etwas größeren feuerfesten Bräter oder eine hohe Fettpfanne mit kochend heißem Wasser stellen. Im vorgeheizten Backofen auf der mittleren Schiene 30 Minuten garen. Mit einem kleinen spitzen Küchenmesser einstechen, um zu prüfen, ob die Foie gras gar ist: Die Klinge sollte sich lauwarm anfühlen.

Auf Zimmertemperatur abkühlen lassen und die obere Fettschicht entfernen. Die Foie gras mit Klarsichtfolie abdecken und unter einer Presse bzw. mit einer vollen Milchpackung oder Ähnlichem beschwert über Nacht in den Kühlschrank stellen.

PORTWEINGELEE

Die Gelatine in kaltem Wasser einweichen. Den Portwein mit dem Bratenjus erwärmen. Nach 10 Minuten die Gelatineblätter jeweils ausdrücken und einzeln in die warme Portweinmischung rühren, bis sie sich aufgelöst haben. Abkühlen und dann im Kühlschrank gelieren lassen.

Nach mindestens 8 Stunden Ruhezeit die Terrine und das Portweingelee aus dem Kühlschrank nehmen. Die Oberfläche der Pastete mit einem Löffel glatt streichen. Das Portweingelee unter Rühren leicht erwärmen und lauwarm auf die Foie gras gießen. Rasch abkühlen lassen und wieder kühl stellen.

Vor dem Verzehr mindestens eine Woche im Kühlschrank durchziehen lassen!

Gießen Sie das Gelee nicht zu heiß auf die Foie gras, sonst gelingt die Spiegelbildung nicht.

FRISÉE ET CROÛTONS À L'AIL

FRISÉESALAT MIT KNOBLAUCH-CROÛTONS

Zutaten

FÜR 4 PERSONEN

- 2 MÖGLICHST HELLE FRISÉESALATE
- 1 BUND SCHNITTLAUCH
- ½ BUND GLATTE PETERSILIE
- ½ BUND KERBEL
- 400 G ALTBACKENES, HELLES SAUERTEIGBROT
- 5 KNOBLAUCHZEHEN
- 100 ML OLIVENÖL
- SALZ UND SCHWARZER PFEFFER AUS DER MÜHLE
- 30 ML SHERRY-ESSIG

Die Salate waschen, trocken schleudern. Die Kräuter waschen, trockenschütteln.

CROÛTONS

Den Backofengrill auf 200 °C vorheizen. Das altbackene Brot in große Würfel schneiden. Den Knoblauch abziehen und die Brotwürfel damit einreiben. Auf ein Backblech geben und mit etwas Olivenöl beträufeln.

Die Brotwürfel 5 Minuten unter den Grill stellen und goldbraun rösten. In ein Sieb geben und noch warm mit Salz würzen.

VINAIGRETTE

Während die Croûtons backen, den Sherry-Essig mit Salz und frisch gemahlenem Pfeffer gut verrühren, bis das Salz gelöst ist. Das Olivenöl in dünnem Strahl zugeben und mit einem Schneebesen zu einer glatten Emulsion verquirlen.

Die Salate in mundgerechte Stücke zupfen. Die Kräuter fein hacken und mit dem Salat in einer Schüssel gut mischen. Die Vinaigrette locker unterheben und die Croûtons darauf verteilen.

1
9
7
8

NAVETS CARAMÉLISÉS

KARAMELLISIERTE NAVETTEN

Zutaten

FÜR 4 PERSONEN

8 GRÖSSERE NAVETTEN (ALTERNATIV MAIRÜBCHEN) MIT FRISCHEM BLATTGRÜN

SALZ

50 G RAFFINIERTER ZUCKER

FÜR DIE VINAIGRETTE

30 ML SHERRY-ESSIG

FLEUR DE SEL UND SCHWARZER PFEFFER AUS DER MÜHLE

100 ML OLIVENÖL EXTRA VERGINE

Das Blattgrün der Navetten etwa 1 cm über der Rübe abschneiden. Die Rübenblätter waschen, trocken schleudern und beiseitestellen. Die Rüben waschen und dünn schälen, dabei die Wurzelspitze ebenfalls stehen lassen.

Die Rüben in reichlich kochendem Salzwasser je nach Größe etwa 10 Minuten garen. Mit einem kleinen spitzen Küchenmesser wiederholt einstechen, um zu prüfen, wann sie zarter, aber noch bissfest sind (sie garen im Karamell weiter).

Den Zucker in einem weiten Topf unter Rühren trocken zu Karamell schmelzen.

Die Temperaturzufuhr reduzieren, die Navetten hineingeben. Darauf achten, dass sie nicht anbrennen, dadurch würden sie bitter.

Sobald Gemüsewasser austritt, den Deckel auflegen und die Rüben 10 Minuten bei geringer Temperatur garen. Zum Ende der Garzeit die Temperatur erhöhen und die Navetten schwenken, bis sie rundum mit Karamell überzogen sind.

VINAIGRETTE

Für die Vinaigrette den Sherry-Essig mit Fleur de Sel und Pfeffer verrühren, bis das Salz gelöst ist. Das Olivenöl in dünnem Strahl zugeben und mit einer Gabel zu einer glatten Emulsion verquirlen. Unter das Blattgrün heben.

Die karamellisierten Navetten auf dem Salat anrichten und servieren.

Wenn Sie befürchten, dass der Karamell verbrennen könnte, geben Sie wenige Tropfen Wasser zum Zucker.

1
9
7
9

LES ŒUFS À LA NEIGE

SCHNEE-EIER

Zutaten

FÜR 4 PERSONEN

6 EIWEISS

100 G ZUCKER

30 G PUDERZUCKER + 10 G ZUM BESTAUBEN

1 L MILCH

In einer Schüssel das Eiweiß steif schlagen, zunächst den Zucker nach und nach einrieseln lassen, schließlich den gesiebten Puderzucker unterrühren.

Den Backofen auf 180 °C Ober- und Unterhitze vorheizen.

Die Milch zum Kochen bringen, in eine Auflaufform gießen.

Große Nocken des cremig-festen Eischnees abstechen und wie schwimmende Inselchen in die Milch setzen. Mit 10 g Puderzucker bestauben.

Etwa 7 Minuten im vorgeheizten Backofen auf der mittleren Schiene bräunen lassen.

LA JARDINIÈRE DE LÉGUMES

GEMÜSEALLERLEI

Zutaten

FÜR 4 PERSONEN

FÜR DAS GEMÜSE

100 G KLEINE FRÜH-KARTOFFELN AUS NOIR-MOUTIER (FRANZÖSISCHE SPEZIALITÄT, ALTERNATIV »DRILLINGE«)

200 G PRINZESSBOHNEN

150 G FEINE JUNGE KAROTTEN

1 BUND NAVETTEN (ALTERNATIV MAIRÜBCHEN)

100 G FRISCHE ERBSEN

FLEUR DE SEL UND SCHWARZER PFEFFER AUS DER MÜHLE

FÜR DIE SAUCE

200 ML SÜSSE SAHNE

10 G COMTÉ

20 ML WEISSWEIN

GEMÜSE

Die Kartoffeln abbürsten, in kaltem Wasser aufsetzen und garen.

Die Bohnen waschen und putzen. Karotten und Navetten dünn schälen, große Navetten in mundgerechte Stücke schneiden. Die Erbsen palen.

Jedes Gemüse separat in kochendem Salzwasser blanchieren. Herausheben und im bereitgestellten Eiswasser abschrecken.

Die Kartoffeln abgießen, etwas abkühlen lassen, pellen und halbieren.

SAUCE

Die Sahne mit Comté und Weißwein bei mittlerer Temperatur erhitzen und offen auf die Hälfte reduzieren.

Unmittelbar vor dem Servieren das Gemüse in die Sahnesauce geben und etwas einkochen lassen. Mit Fleur de Sel und frisch gemahlenem Pfeffer würzen.

1981

POIRES AU VIN

BIRNEN IN ROTWEIN

Zutaten

FÜR 4 PERSONEN

FÜR DEN POCHIERSUD

1 FLASCHE ROTWEIN (SANGRE DE TORO ODER RIOJA)

200 G ZUCKER

50 G HONIG

SCHALE VON 3 UNBEHANDELTEN BIO-ORANGEN

SCHALE VON 3 UNBEHANDELTEN BIO-ZITRONEN

1 ZIMTSTANGE ODER 1 STERNANIS

2 GEWÜRZNELKEN ODER 4 SAMENSCHALEN DES SZECHUAN-PFEFFERS

1 VANILLESCHOTE ODER 2 ZWEIGE ZITRONENTHYMIAN

4 BIRNEN (WILLIAMS CHRIST ODER CONFERENCE)

POCHIERSUD

In einem weiten Topf den Rotwein mit Zucker, Honig, Zitrusschalen und den gewählten Gewürzen zum Kochen bringen.

Bei Verwendung von Thymian unbedingt Zitronenthymian verwenden, das Aroma normalen Thymians ist zu dominant.

Den Pochiersud nach dem Aufkochen auskühlen lassen. 24 Stunden kalt stellen.

Am folgenden Tag den Pochiersud erneut erhitzen.

Währenddessen die Birnen schälen, die Stiele an den Früchten belassen. Im Ganzen in den siedenden Sud geben und bei geringer Temperatur 20–30 Minuten pochieren. Sie sollten im Kern weich sein.

Jede Birne mit einem Viertel des Rotweinsuds in ein Weckglas geben.

Der Sud muss nicht unbedingt 24 Stunden im Kühlschrank durchziehen, er entwickelt dadurch allerdings noch mehr Aroma.

1
9
8
2

LE BOUDIN BLANC AUX POMMES

BOUDIN BLANC MIT ÄPFELN

Zutaten

FÜR 4 PERSONEN

2 GOLDEN-DELICIOUS-ÄPFEL (ALTERNATIV FEIN SÄUERLICHE SORTEN WIE BOSKOP, BRAEBURN, COX ORANGE)

20 G BUTTER + ETWAS MEHR ZUM EINFETTEN

4 BOUDIN BLANC (FRANZÖSISCHE SPEZIALITÄT, ALTERNATIV WEISSE BRATWÜRSTE)

Den Backofen auf 180 °C Ober- und Unterhitze vorheizen.

Die Äpfel waschen, trocken tupfen, ungeschält halbieren und die Kerngehäuse herausschneiden.

Eine ofenfeste Form dünn einfetten. Die Apfelhälften und die Boudin Blance hineingeben und die Butter in Flöckchen darauf verteilen.

Im vorgeheizten Backofen auf der mittleren Schiene 10 Minuten backen. Die Äpfel sollten schön mürbe sein.

Die Boudin Blanc sollten schön bräunen und nicht aufplatzen, aber sie dürfen nicht zu intensiv garen, damit sich die Haut nicht ablöst.

LA MOUSSAKA

MOUSSAKA

Zutaten

FÜR 6 PERSONEN

FÜR DIE TOMATENSAUCE

1 SCHALOTTE

3 OCHSENHERZ-TOMATEN

4 ZWEIGE THYMIAN

1 FRISCHE KNOBLAUCHZEHE

20 ML OLIVENÖL EXTRA VERGINE

SALZ UND SCHWARZER PFEFFER AUS DER MÜHLE

2 AUBERGINEN

600 G RINDERHACKFLEISCH

30 ML TRAUBENKERNÖL

1 WEISSE ZWIEBEL

FÜR DIE BÉCHAMELSAUCE

30 G COMTÉ + 10 G ZUM GRATINIEREN

70 G BUTTER

70 G MEHL

1 L MILCH

TOMATENSAUCE

Den Backofen auf 150 °C Ober- und Unterhitze vorheizen. Die Schalotte abziehen und dritteln. Die Ochsenherz-Tomaten waschen, die Stielansätze herausschneiden und die Tomaten halbieren. Mit der Schnittfläche nach oben in eine Bratreine legen, Schalotte, Thymian und die ungeschälte Knoblauchzehe drum herum verteilen. Mit Olivenöl beträufeln, mit Salz und frisch gemahlenem Pfeffer würzen. Im vorgeheizten Backofen auf der mittleren Schiene 1 Stunde backen (die Tomaten sollten weich und leicht karamellisiert sein). Noch heiß pürieren.

Die Auberginen waschen, trocken tupfen, putzen und in 1 cm dicke Scheiben schneiden. Mit etwas Olivenöl bestreichen und von jeder Seite für 10 Minuten bei 150 °C unter den Backofengrill stellen. Mit Küchenpapier abtupfen. Abgedeckt beiseitestellen. Das Hackfleisch in Traubenkernöl krümelig braten, bis es leicht gebräunt ist. Aus der Pfanne heben und abtropfen lassen. Die Zwiebel abziehen, fein hacken und im Bratfett anschwitzen. Das Hackfleisch und die Tomatensauce dazugeben und 1 Stunde leise köcheln lassen. Mit Salz und frisch gemahlenem Pfeffer abschmecken.

BÉCHAMELSAUCE

Den Comté fein reiben. In einem Topf die Butter bei mittlerer Temperatur zerlassen und kurz aufschäumen. Das Mehl unter starkem Rühren in die Butter geben und so lange weiterrühren, bis das Mehl goldgelb wird. Dann die kalte Milch nach und nach unter Rühren zugeben und alles zu einer glatten Sauce verquirlen. Bei geringer Temperatur unter Rühren zum Kochen bringen und offen köcheln lassen. Wenn die Sauce leicht dickflüssig wird, den Comté einrühren. Die Béchamelsauce mit Klarsichtfolie bedecken, damit keine weitere Flüssigkeit verdampft und sich keine Haut bildet.

SCHICHTEN

Den Backofen auf 180 °C Umluft vorheizen.

Den Boden einer Auflaufform mit der Hälfte der Auberginenscheiben auslegen, die Hälfte der Tomaten-Hackfleisch-Sauce darauf verteilen, mit der Hälfte der Béchamelsauce bedecken. Darauf wieder Auberginen, Tomaten-Hackfleisch-Sauce und Béchamelsauce schichten. Mit geriebenem Comté bestreuen. Im vorgeheizten Backofen auf der mittleren Schiene mindestens 10 Minuten überbacken, bis die Moussaka schön gebräunt ist.

BETTERAVES AUX CONDIMENTS

BETE-TATAR

Zutaten

FÜR 4 PERSONEN

1 ROTE BETE

1 GELBE BETE

FÜR DAS KONDIMENT

1 KLEINES GLAS KAPERN

10 CORNICHONS

1 SCHALOTTE

1 SCHEIBE TOASTBROT

OLIVENÖL

SALZ UND SCHWARZER PFEFFER AUS DER MÜHLE

50 ML SHERRY-ESSIG

Die Beten in Alufolie wickeln und bei 200 °C Umluft im Backofen auf der mittleren Schiene 1 ½ bis 2 Stunden garen. Für die Garprobe mit einem kleinen spitzen Küchenmesser einstechen. Die Beten sind gar, wenn die Klinge leicht hindurchgleitet. Die Alufolie entfernen und die Beten auskühlen lassen.

KONDIMENT

Die Kapern in einem kleinen Sieb abtropfen lassen. Die Cornichons in feine Scheiben schneiden. Die Schalotte abziehen und sehr fein würfeln.

Die Beten pellen und das Gemüse in mundgerechte Würfel schneiden. Mit den Kapern, Gürkchen und Schalotten mischen.

Das Toastbrot in kleine Würfel schneiden. Das Öl in einer Pfanne erhitzen und die Brotwürfel darin unter Rühren rösten, sodass sie gleichmäßig bräunen. Sobald sie goldbraun sind, auf Küchenpapier geben und direkt salzen.

Das Gemüse in einer Schale anrichten, mit Essig und Öl würzen und mit den Croûtons bestreut servieren.

1
9
8
5

LA TARTE AUX QUETSCHES

ZWETSCHGENTARTE

Zutaten

FÜR 6 PERSONEN

FÜR DEN MÜRBETEIG

200 G WEIZENMEHL (TYPE 550)

FLEUR DE SEL

100 G ZIMMERWARME BUTTER

WEICHE BUTTER UND 1 EL MEHL FÜR DIE FORM

600 G ZWETSCHGEN

20 G LEICHT GESALZENE BUTTER

ZIMTPULVER

10 G BRAUNER ZUCKER

MÜRBETEIG

Das Mehl mit 1 Prise Fleur de Sel in einer Schüssel mischen. Die Butter in Flöckchen zugeben und mit den Fingern rasch zu Streuseln vermischen. Nach und nach bis zu 50 ml kaltes Wasser zügig einarbeiten, bis ein glatter Teig entsteht.

Den Teig zwischen zwei Lagen Backpapier 0,5 cm dick ausrollen. 1 Stunde kalt stellen.

Inzwischen die Zwetschgen waschen, halbieren und entsteinen.

Den Backofen auf 200 °C Ober- und Unterhitze vorheizen.

Eine Tarteform dünn einfetten und mit dem Mehl bestauben. Den Teig etwas größer als die Tarteform ausrollen und hineinlegen. Behutsam in die Form drücken, den Boden mehrfach mit der Gabel einstechen. Um den überlappenden Teig sauber zu entfernen, die Form mit dem Nudelholz überrollen.

Die Zwetschgen vom Rand ausgehend kreisförmig auf dem Boden anordnen. Die Butter in Flöckchen gleichmäßig darauf verteilen. Nach Belieben mit Zimt bestauben.

Im vorgeheizten Backofen auf der mittleren Schiene 20 Minuten backen. 5 Minuten vor Ende der Backzeit die Zwetschgen mit dem Zucker bestreuen, damit sie karamellisieren.

1988

LA MÂCHE MIMOSA

FELDSALAT »MIMOSA«

Zutaten

FÜR 4 PERSONEN

1 SCHEIBE TOASTBROT

100 ML NEUTRALES ÖL

WEISSWEINESSIG

3 BIO-EIER

400 G FELDSALAT

FÜR DIE SENF-VINAIGRETTE

1 TL DIJONSENF

1 TL KÖRNIGER SENF

30 ML WEISSWEINESSIG

SALZ UND SCHWARZER PFEFFER AUS DER MÜHLE

100 ML TRAUBENKERNÖL

Das Toastbrot in kleine Würfel schneiden. Das Öl in einer Pfanne erhitzen und die Brotwürfel darin unter Rühren rösten, sodass sie gleichmäßig bräunen. Sobald sie goldbraun sind, in ein Sieb geben und direkt salzen.

In einem kleinen Topf Wasser mit etwas Weißweinessig zum Kochen bringen. Die Eier darin 10 Minuten kochen.

Die Eier etwas abkühlen lassen, pellen. Ein Ei für die Vinaigrette beiseitelegen, zwei Eier mit der Gabel sehr fein zerdrücken.

SENF-VINAIGRETTE

Für die Vinaigrette das verbliebene Ei fein hacken, mit Dijon- und körnigem Senf verrühren. Mit Essig, etwas Salz und frisch gemahlenem Pfeffer gut verquirlen. Das Traubenkernöl in dünnem Strahl zugeben und mit einer Gabel zu einer glatten Emulsion verquirlen.

Den Feldsalat gut waschen und trocken schleudern. In eine Schüssel geben und die Vinaigrette unterheben. Großzügig mit Croûtons und Ei bestreuen.

Um zu verhindern, dass sich die Emulsion wieder trennt, alle Vinaigrettezutaten vorab auf Zimmertemperatur bringen.

1
9
9
0

LE TABOULÉ

TABOULÉ

Zutaten

FÜR 4 PERSONEN

200 G BULGUR

20 G SULTANINEN

1 UNBEHANDELTE BIO-ZITRONE

10 G PINIENKERNE

SALZ

¼ BUND KORIANDER

¼ BUND GLATTE PETERSILIE

3 BLÄTTCHEN MINZE

1 BIO-GURKE

1 SCHALOTTE

5 G BUTTER

4 TOMATEN

SAFT VON 1 LIMETTE

30 ML WEISSWEINESSIG

100 ML OLIVENÖL EXTRA VERGINE

SCHWARZER PFEFFER AUS DER MÜHLE

Den Bulgur und die Sultaninen mit 150 ml kaltem Wasser verrühren und 2 Stunden quellen lassen. Der Bulgur sollte aufquellen, aber noch Biss haben. Er wird nicht gekocht, sondern erfährt im Zusammenspiel mit den weiteren Zutaten seine Vollendung.

Dann den Backofen auf 200 °C Ober- und Unterhitze vorheizen.

Die Zitronenschale nicht zu dick abschälen und dreimal blanchieren: abwechselnd je 1 Minute in kochendes Wasser und in Eiswasser tauchen. Anschließend fein hacken.

Die Pinienkerne im Backofen auf der mittleren Schiene etwa 10 Minuten rösten, bis sie Farbe annehmen. Auf mit Salz bestreutes Küchenkrepp geben, dieses darüberschlagen und das Salz leicht in die Kerne reiben.

Die Kräuter waschen, trockenschütteln und die dicken Stielanteile abknipsen. Koriander und Petersilie möglichst fein hacken. Die Minzeblättchen längs in feine Streifen schneiden (um deren Oxidation zu vermeiden).

Die Gurke gut waschen, ungeschält längs halbieren, entkernen und fein würfeln.

Die Schalotte abziehen, sehr fein hacken und bei hoher Temperatur in etwas Butter anschwitzen.

Die Tomaten waschen, trocken tupfen, vierteln und aushöhlen. Kernchen und Scheidewände für andere Zwecke verwenden (zum Beispiel für eine Tomatensauce). Die Tomatenviertel sehr klein würfeln.

Pinienkerne, Zitronenschale, Kräuter und Gemüsewürfelchen locker mit dem Bulgur mischen. Limettensaft, Essig und Olivenöl, Salz und Pfeffer zugeben und unterziehen.

Den Salat mit Frischhaltefolie abdecken und über Nacht im Kühlschrank durchziehen lassen.

Durch das Blanchieren verliert die Zitronenschale ihre Bitterkeit. Je ausgereifter die Zitrone ist, desto weniger Blanchiervorgänge sind erforderlich.

1
9
9
1

LE TARTARE DE BŒUF

RINDERTATAR

Zutaten

FÜR 4 PERSONEN

1 KLEINES GLAS KAPERN

½ BUND SCHNITTLAUCH

EINIGE STÄNGEL PETERSILIE

¼ BUND KERBEL

1 ROTE ZWIEBEL

800 G HOCHWERTIGES FLEISCH VOM WEIDERIND (Z. B. GEMISCHT FILET MIGNON, RINDERHÜFTSTEAK, AUS DER OBERSCHALE; Z. B. DER RASSEN AUBRAC, CHAROLAIS, SALERS)

20 ML WORCESTERSAUCE

TABASCOSAUCE

SARAWAK-PFEFFER AUS DER MÜHLE

4 EIGELB

FLEUR DE SEL

Rindertatar wird à la minute zubereitet, die Würzbeigaben lassen sich jedoch gut vorbereiten.

Die Kapern abtropfen lassen. Die Kräuter waschen und gut trockenschütteln. Die Zwiebel abziehen und möglichst klein würfeln. Kapern und Kräuter fein hacken.

Erst unmittelbar vor dem Servieren das Fleisch mit einem sehr scharfen Messer fein zerkleinern: zunächst in Scheiben, diese in Streifen schneiden und fein würfeln (das schützt die Fleischfasern, verleiht dem Tatar mehr Biss und Aroma). Für ein perfektes Tatar verschiedene hochwertige, magere Rindfleischstücke kombinieren.

Das Tatar mit den vorbereiteten Gewürzen gut mischen, mit Worcestersauce, wenigen Tropfen Tabasco und Sarawak-Pfeffer würzen.

Auf vier Tellerchen anrichten, mit einem Löffel jeweils eine Vertiefung hinein drücken und jeweils ein Eigelb hineingeben.

Servieren und das Fleur de Sel separat dazu reichen.

Salzen Sie das Fleisch nicht schon während der Zubereitung, da es dadurch austrocknen könnte.

1
9
9
2

LE BABA AU RHUM

BABA AU RHUM

Zutaten

FÜR 4 PORTIONEN

FÜR DEN TEIG

400 G WEIZENMEHL (TYPE 550)

4 G SALZ

17 G FRISCHE HEFE

17 G HONIG

140 G KALTE BUTTER + ETWAS MEHR ZUM EINFETTEN

8 BIO-EIER

FÜR DEN SIRUP

SCHALE VON 1 UNBEHANDELTEN BIO-ZITRONE

SCHALE VON 1 UNBEHANDELTEN BIO-ORANGE

450 G ZUCKER

FÜR DIE GLASUR

200 G APRIKOSENKONFITÜRE

10 G PEKTIN

100 G ZUCKER

50 ML RHUM AUS ZUCKERROHRSAFT (Z. B. RHUM AMBRE DIPLOMATICO)

TEIG

Mehl, Salz, Hefe, Honig und die Butter in Flöckchen mit den Knethaken des Handrührgeräts zu einem homogenen Teig verkneten. Zunächst zwei Eier einarbeiten, die weiteren sechs Eier einzeln zugeben und alles rasch zu einem glatten, geschmeidigen Teig verkneten. In einer großen Schüssel abgedeckt mindestens 30 Minuten an einem warmen Ort bis zur doppelten Größe aufgehen lassen.

Den Backofen auf 180 °C Ober- und Unterhitze vorheizen.

1 große Baba-Form oder acht Savarin-Förmchen (à 150 ml Inhalt) dünn einfetten und jeweils zur Hälfte mit Teig füllen.

Im vorgeheizten Backofen auf der mittleren Schiene 15 Minuten backen. Die Temperatur auf 150 °C reduzieren und die Babas weitere 10 Minuten backen.

Die Babas in der Form abkühlen lassen, anschließend kalt stellen.

SIRUP

Die Zitrusfrüchte heiß waschen und die Schale dünn abschälen. Mit dem Zucker und 1 l Wasser in einen weiten Topf geben, aufkochen und abgedeckt auf 50 °C abkühlen lassen. Die Babas in den Sirup setzen und 5 Minuten lang mithilfe eines Löffels mit Sirup begießen. Die gut getränkten Babas auf einem Kuchengitter abtropfen lassen.

GLASUR

Die Aprikosenkonfitüre durch ein Sieb passieren, mit Pektin und Zucker in einem kleinen Topf leise köcheln lassen, bis die Glasur leicht eindickt.

Die Babas mithilfe eines Löffels glasieren und bis zum Servieren kalt stellen.

Unmittelbar vor dem Servieren den Rhum bei geringer Temperatur erwärmen. Mit einem langen Streichholz entzünden und die Babas flambieren.

Sie können Chantillycreme zu den Babas servieren.

1
9
9
3

LES ŒUFS MIMOSA

EIER »MIMOSA«

Zutaten

FÜR 4 PERSONEN

8 EIER

FÜR DIE MAYONNAISE

2 SEHR FRISCHE EIGELB

1 TL SENF

200 ML NEUTRALES ÖL (TRAUBENKERN-, RAPS- ODER SONNENBLUMENÖL)

40 ML WEISSWEINESSIG

1 SCHALOTTE

1 EL KAPERN

6 CORNICHONS

¼ BUND GLATTE PETERSILIE

4 STÄNGEL SCHNITTLAUCH

SALZ UND SCHWARZER PFEFFER AUS DER MÜHLE

Die Eier in kochendem Wasser in 10 Minuten hart kochen. Unter fließendem kalten Wasser abschrecken und abkühlen lassen. Anschließend pellen.

Die Eier längs halbieren, die Eigelbe herauslösen und mit der Gabel sehr fein zerdrücken.

MAYONNAISE

Das rohe Eigelb in einer kleinen Schüssel mit dem Senf glatt rühren. Das Olivenöl langsam – erst tropfenweise, dann in dünnem Strahl – unter ständigem Rühren zugeben und kräftig verquirlen. Abschließend mit dem Essig zu einer Emulsion verrühren.

Die Schalotte abziehen, die Kapern und Cornichons abtropfen lassen. Schalotte, Kapern und Cornichons möglichst klein würfeln. Die Kräuter waschen, trockenschütteln, die Petersilie fein hacken, den Schnittlauch in Röllchen schneiden.

Ein Viertel des zerdrückten Eigelbs beiseitestellen. Das übrige Eigelb, Schalotten, Kapern, Cornichons und Petersilie mit der Mayonnaise gut verrühren und dabei möglichst fein zerdrücken. Mit Salz und frisch gemahlenem Pfeffer abschmecken.

Die Eiweißschiffchen mit der Mayonnaise füllen. Mit dem zurückbehaltenen Eigelb und Schnittlauchröllchen dekorativ bestreut anrichten.

Sollte die Mayonnaise gerinnen, etwas eiskaltes Wasser hinzufügen und erneut aufschlagen.

1994

LE JAMBON SAUCE AU PORTO

SCHINKEN IN PORTWEINSAUCE

Zutaten

FÜR 4 PERSONEN

TRAUBENKERNÖL

4 SCHINKENSTEAKS (À 200 G)

FÜR DIE PORTWEINSAUCE

1 SCHALOTTE

300 G FRISCHE CHAMPIGNONS

¼ BUND GLATTE PETERSILIE

100 G BUTTER

250 ML PORTWEIN

100 ML HÜHNERBRÜHE (SIEHE SEITE 44)

100 ML SÜSSE SAHNE

SALZ UND SCHWARZER PFEFFER AUS DER MÜHLE

In einer Pfanne etwas Traubenkernöl erhitzen, die Schinkensteaks darin von beiden Seiten je 1 Minute braten. Aus der Pfanne heben und beiseitestellen.

PORTWEINSAUCE

Die Schalotte abziehen und fein hacken. Die Champignons putzen, trocken abreiben – nicht waschen – und vierteln. Die Petersilie waschen und trockenschütteln.

Im Schinkenbratfett ein Viertel der Butter zerlassen und die Schalotte darin 5 Minuten anbraten. Herausnehmen und beiseitestellen. Die übrige Butter zerlassen, die Champignons darin 5 Minuten braten. Die Champignons herausnehmen und beiseitestellen. Den Bratenfond mit der Hälfte des Portweins ablöschen, die Schalotten wieder zugeben und die Sauce offen reduzieren.

Die Hühnerbrühe und den übrigen Portwein hinzufügen. Erneut einkochen lassen.

Schließlich die Sahne unterrühren und mit wenig Salz und frisch gemahlenem Pfeffer abschmecken.

Die Schinkenscheiben und Champignons in die Sauce geben. Die Petersilie fein hacken und darüberstreuen.

Wählen Sie einen hochwertigen Schinken wie den Prince Noir de Biscay. Je stumpfer die Farbe des Fleisches, desto besser: Die vertraute rosa Färbung erhält Schinken erst durch Zugabe von Nitritpökelsalz.

1
9
9
5

LES POIVRONS CONFITS À L'AIL

EINGELEGTE PAPRIKA MIT KNOBLAUCH

Zutaten

FÜR 4 PAPRIKASCHOTEN

1 KNOLLE KNOBLAUCH

500 ML OLIVENÖL

½ BUND THYMIAN

4 ROTE PAPRIKASCHOTEN

KNOBLAUCHÖL

Die Zehen voneinander lösen, aber nicht abziehen. Das Olivenöl in einem Topf erwärmen, die Temperatur sollte 70 °C nicht überschreiten. Die ungeschälten Knoblauchzehen und den Thymian hineingeben und 2 Stunden darin ziehen lassen.

PAPRIKA

Nach etwa 1 ¼ Stunden den Backofen auf 200 °C vorheizen.

Jede Paprikaschote in Alufolie wickeln. Im vorgeheizten Backofen auf der mittleren Schiene 20 Minuten backen.

Die Paprikaschoten herausnehmen, die Folie entfernen und die Schoten unter einem feuchten Küchentuch etwa 20 Minuten abkühlen lassen. Die Haut abziehen, die Paprikaschoten vierteln und die Kerne entfernen.

Die Schoten in ein großes Weckglas geben, mit dem Würzöl bedecken und abkühlen lassen. Mindestens 24 Stunden im Kühlschrank marinieren.

1
9
9
6

LE CANARD ENTIER AUX PÊCHES

GANZE ENTE MIT PFIRSICHEN

Zutaten

FÜR 6 PERSONEN

1 SCHALOTTE

1 KÜCHENFERTIGE BARBARIE-ENTE (»LABEL ROUGE« ODER AUS BIOLOGISCHER AUFZUCHT)

50 G BUTTER

2 ZWEIGE THYMIAN

1 ZWEIG ROSMARIN

3 FRISCHE KNOBLAUCHZEHEN

30 ML TRAUBENKERNÖL

3 GELBE PFIRSICHE

SALZ UND SCHWARZER PFEFFER AUS DER MÜHLE

Den Backofen auf 180 °C Umluft vorheizen. Einen ausreichend großen Bräter darin vorwärmen.

Die Schalotte abziehen und längs dritteln. Die Ente mit Butterflöckchen, Thymian, Rosmarin, Schalotte und den Knoblauchzehen im Häutchen füllen. Die Öffnung zunähen oder mit Holzstäbchen verschließen.

Die Ente rundum mit Öl bestreichen und mit der Brust nach unten in den Bräter legen. Im vorgeheizten Backofen auf der mittleren Schiene mindestens 60 Minuten garen. Während des Garens alle 10 Minuten Bratfett über die Ente löffeln.

Den Bräter aus dem Ofen nehmen und die Ente wenden. Die Temperatur auf 160 °C reduzieren und die Ente je nach Größe noch mindestens weitere 90 Minuten garen.

Die Haut der Pfirsiche abziehen, die Früchte halbieren und die Steine entfernen. 10 Minuten vor Ende der Garzeit um die Ente legen. Sie sollten nur so weich garen, dass sie einen leichten Biss bewahren.

Die durchgegarte Ente sowie die Pfirsiche auf einem Rost im abgeschalteten Ofen abtropfen lassen. Währenddessen den Bratensaft aus dem Bräter abgießen und beiseitestellen. Den Bräter auf dem Herd erhitzen, mit etwas Wasser ablöschen, um den Bratensatz zu lösen. Den aufgefangenen Bratensaft wieder hinzufügen und den Jus einkochen lassen.

Mit etwas Salz und frisch gemahlenem Pfeffer abschmecken und zur Ente servieren.

LES ESCALOPES À LA CRÈME

KALBSSCHNITZEL IN SAHNESAUCE

Zutaten

FÜR 4 PERSONEN

- 300 G FRISCHE CHAMPIGNONS
- 1 BUND GLATTE PETERSILIE
- 4 SCHÖNE KALBSSCHNITZEL
- SALZ
- TRAUBENKERNÖL
- 100 ML HÜHNERBRÜHE
- 30 ML WEISSWEIN
- 50 ML SÜSSE SAHNE
- FLEUR DE SEL UND SCHWARZER PFEFFER AUS DER MÜHLE

Die Champignons putzen, trocken abreiben – nicht waschen – und blättrig schneiden. Die Petersilie waschen und trockenschütteln.

Die Schnitzel leicht salzen. Wenig Öl in einer Pfanne erhitzen und die Schnitzel darin von beiden Seiten scharf anbraten. Aus der Pfanne heben und beiseitestellen.

Die Champignons in diesem Bratfett 2–3 Minuten rundum anbraten. Den Bratensatz mit Hühnerbrühe und Weißwein ablöschen.

Die Sahne unterrühren und die Sauce 3 Minuten köcheln lassen. Die Temperatur reduzieren und die Schnitzel hineingeben. Die Petersilie fein hacken.

Die Kalbsschnitzel abschließend mit Fleur de Sel und frisch gemahlenem Pfeffer würzen und mit gehackter Petersilie bestreut servieren.

1
9
9
8

LA TERRINE DE COURGETTE

ZUCCHINI-AUFLAUF

Zutaten

FÜR 2 PERSONEN

1 GROSSE ZUCCHINI

10 G WEISSE ZWIEBEL (ETWA 1 GEHÄUFTER TL GEHACKTE ZWIEBEL)

TRAUBENKERNÖL

3 EIER

100 ML MILCH

50 ML SÜSSE SAHNE

30 G GERIEBENER PARMESAN

SALZ UND SCHWARZER PFEFFER AUS DER MÜHLE

Die Zucchini waschen, trocken tupfen und in dünne Scheiben schneiden. Die Zwiebel abziehen und fein hacken. In einer Pfanne etwas Traubenkernöl erhitzen, Zucchini und Zwiebel darin anbraten.

Inzwischen die Eier mit Milch, Sahne und Parmesan gut verquirlen. Mit Salz und Pfeffer würzen.

Den Backofen auf 180 °C Umluft vorheizen. Eine kleine Auflaufform dünn einfetten.

Einige besonders schöne Zucchinischeiben beiseitelegen, die übrigen in die Form schichten. Mit der Eiermilch übergießen und mit den zurückbehaltenen Zucchinischeiben belegen.

Den Auflauf im vorgeheizten Backofen auf der mittleren Schiene 20–30 Minuten backen.

1
9
9
9

LA POULETTE AU CITRON

ZITRONENHÄHNCHEN

Zutaten

FÜR 4 PERSONEN

1 KÜCHENFERTIGES HÄHNCHEN (1,2 KG)

2 UNBEHANDELTE BIO-ZITRONEN

2 KNOBLAUCHZEHEN

50 G BUTTER

2 ZWEIGE THYMIAN

1 ZWEIG ROSMARIN

SALZ UND SCHWARZER PFEFFER AUS DER MÜHLE

30 ML OLIVENÖL

Das Hähnchen rechtzeitig aus dem Kühlschrank nehmen, sodass es Zimmertemperatur annimmt.

Den Backofen auf 180 °C Umluft vorheizen. Einen ausreichend großen Bräter darin vorwärmen.

Die Zitronen heiß waschen, trocken tupfen, die Enden abschneiden und die Früchte quer in jeweils 5–6 Scheiben schneiden. Die Knoblauchzehen abziehen.

Das Hähnchen mit Butterflöckchen, Thymian, Rosmarin, Knoblauch und zwei Zitronenscheiben füllen. Rundum mit Salz und frisch gemahlenem Pfeffer würzen.

Das Hähnchen im Bräter rundum mit Olivenöl beträufeln und mit der Brust nach unten hineinlegen. Die Zitronenschnitze drum herum verteilen.

Im vorgeheizten Backofen auf der mittleren Schiene 45 Minuten garen, dabei alle 10 Minuten mit dem austretenden Fett übergießen.

Das durchgegarte Hähnchen aus dem Bräter heben und auf ein Blech legen. Vor dem Servieren im abgeschalteten Ofen 10 Minuten abtropfen lassen.

Wählen Sie in der Sonne ausgereifte Zitronen guter Qualität, um zu verhindern, dass der Bratensaft bitter wird.

2
0
0
1

LES PRAIRES FARCIES

GRATINIERTE VENUSMUSCHELN

Zutaten

FÜR 4 PERSONEN

24 VENUSMUSCHELN (GESCHLOSSEN MIT UNBESCHÄDIGTER SCHALE)

GROBES SALZ

FÜR DIE KNOBLAUCHBUTTER

50 G SEMMELBRÖSEL BZW. ALTBACKENES, DURCHGETROCKNETES BROT FÜR SEMMELBRÖSEL

5 KNOBLAUCHZEHEN

1 EL GEHACKTE PETERSILIE

100 G ZIMMERWARME BUTTER

FLEUR DE SEL UND SCHWARZER PFEFFER AUS DER MÜHLE

Die Venusmuscheln unter fließendem Wasser behutsam abbürsten. Über Nacht in Salzwasser (25 g Salz je Liter Wasser) wässern, um den Sand auszuspülen.

An der Oberfläche schwimmende oder beschädigte Muscheln aussortieren.

Selbst hergestellte Semmelbrösel ebenfalls am Vortag zubereiten: Altbackenes Brot oder Brötchen grob würfeln. Im vorgeheizten Backofen bei 180 °C auf der mittleren Schiene goldbraun rösten. Gut austrocknen lassen, dann zu Bröseln verarbeiten.

KNOBLAUCHBUTTER

Die Knoblauchzehen abziehen und 5 Minuten in kochendem Wasser blanchieren, wodurch sie ein süßliches Aroma entwickeln, anschließend sehr fein hacken. Die Petersilie waschen, trockenschütteln und fein hacken.

Die Butter mit einem Spatel cremig rühren, Semmelbrösel, Knoblauch und Petersilie unterrühren. Mit Fleur de Sel und frisch gemahlenem Pfeffer abschmecken.

Den Backofen auf 200 °C Umluft vorheizen.

Die Muscheln erneut unter fließendem Wasser reinigen. In eine Fettpfanne oder auf ein Stück Alufolie legen. 5 Minuten im vorgeheizten Backofen auf der mittleren Schiene backen. Dadurch lassen sie sich leichter öffnen. Die Backofentemperatur auf 250 °C erhöhen.

Die Muscheln mit einer Messerklinge öffnen, die leeren Hälften entfernen.

Die Muscheln etwas abkühlen lassen, jeweils 1 TL Knoblauchbutter obenauf geben. Unter dem heißen Grill 2 Minuten gratinieren.

Das kurze Kochen der Knoblauchzehen in Wasser verleiht ihnen eine mildere Schärfe.

CHÈVRE CHAUD

ÜBERBACKENER ZIEGENKÄSE

Zutaten

FÜR 4 PERSONEN

4 SCHÖNE SCHEIBEN LANDBROT (SAUERTEIG)

200 G FELDSALAT

OLIVENÖL

SALZ UND SCHWARZER PFEFFER AUS DER MÜHLE

1 ROLLE SAINTE-MAURE DE TOURAINE (250 G, EINE FRANZÖSISCHE ZIEGENKÄSE-SPEZIALITÄT)

AKAZIENHONIG

Den Backofengrill auf 220 °C vorheizen.

Die Brotscheiben in der Pfanne oder im Toaster beidseitig rösten.

Den Feldsalat waschen, trocken schleudern und auf vier Tellern anrichten. Jeweils mit etwas Olivenöl beträufeln, mit Salz und frisch gemahlenem Pfeffer würzen.

Den Sainte-Maure in Scheiben schneiden und auf ein mit Backpapier belegtes Backblech legen. Unter dem heißen Grill in 1–2 Minuten leicht schmelzen lassen.

Den gratinierten Käse auf den gerösteten Brotscheiben anrichten und diese dekorativ auf den Salattellern arrangieren. Jeweils mit etwas Akazienhonig beträufeln und sofort servieren.

LE TIRAMISU

TIRAMISU

Zutaten

FUR 4 PERSONEN

3 EIER

60 G BRAUNER ZUCKER

1 VANILLESCHOTE

125 G MASCARPONE

ETWA 10 LÖFFELBISKUITS

300 ML KALTER KAFFEE

10 G SCHWACH ENTÖLTES KAKAOPULVER

Die Eier trennen. Das Eiweiß steif schlagen und abgedeckt kühl stellen.

Das Eigelb mit dem Zucker und dem ausgekratzten Mark der Vanilleschote hell cremig aufschlagen.

Den Mascarpone mit dem Schneebesen gleichmäßig unterheben. Schließlich behutsam den Eischnee unterziehen.

Eine kleine, rechteckige Form bereitstellen. Fünf Löffelbiskuits mit der Unterseite in den Kaffee tauchen und den Boden der Form damit auslegen. Die Oberseite der Biskuits mit Kaffee beträufeln und die Hälfte der Mascarponemasse darauf verstreichen. Mit rundum getränkten Löffelbiskuits belegen und die verbliebene Mascarponecreme darauf glatt verstreichen. Das Tiramisu mindestens 3 Stunden kalt stellen.

Vor dem Servieren mit etwas Kakaopulver bestauben.

2
0
1
2

LE MAGRET AUX ABRICOTS

ENTENBRUST MIT APRIKOSEN

Zutaten

FÜR 4 PERSONEN

4 KÜCHENFERTIGE BARBARIE-ENTENBRUSTFILETS (À 200 G)

12 APRIKOSEN

25 G KALTE BUTTER

10 G ZUCKER

FLEUR DE SEL

3 ZWEIGE THYMIAN (BESSER NOCH ZITRONENTHYMIAN)

1 ZWEIG ROSMARIN

GROBES MEERSALZ

Die Entenbrustfilets von Sehnen befreien und überschüssiges Fett wegschneiden, falls erforderlich. Auf der Hautseite rautenförmig einschneiden.

Den Backofen auf 180 °C Umluft vorheizen. Die Aprikosen waschen, halbieren, den Stein entfernen und die Früchte mit der Schnittfläche nach unten in eine dünn gefettete Form legen.

Mit Butterflöckchen bedecken, mit Zucker und Fleur de Sel bestreuen, Thymian und Rosmarin obenauf legen. Im vorgeheizten Backofen auf der oberen mittleren Schiene 10 Minuten backen. Die Aprikosen sollten leicht karamellisieren, aber noch Biss haben und nicht zu weich garen.

Während die Aprikosen garen, eine Pfanne mit grobem Salz ausstreuen. Die Entenbrustfilets mit der Hautseite darauflegen, die Pfanne erhitzen und die Entenbrustfilets bei geringer Temperatur mindestens 10 Minuten auf der Hautseite braten, bis die Haut schön braun ist.

Die Entenbrustfilets mit der Hautseite auf ein Blech legen und im vorgeheizten Backofen auf der mittleren Schiene weitere 5 Minuten garen. Auf die Fleischseite drehen und im abgeschalteten Ofen noch 5 Minuten ruhen lassen.

Jedes Entenbrustfilet in fünf Scheiben schneiden und mit gebackenen Aprikosen servieren.

Durch das Garen der Entenbrüste auf grobem Salz fließt das Fett besser ab und das dezente Salzaroma dringt bis ins Innere vor.

MERCI MAMIE

Dolly

Mamie Dolly,
es fällt mir schwer, dir zu schreiben
Ich bin ganz wehmütig und sensibel
Ich vermisse deine Suppen
Den Couscous von Opa ebenso
Ich vermisse all unsere gemeinsamen Mahlzeiten
Es war so selbstverständlich, Dir zuzusehen, wie du Butter auf die Quatre-Quarts-Scheiben strichst
Auch das Diner auf dem Canapé im Wohnzimmer schien mir so selbstverständlich

Wann immer mich ein Freund fragt, warum ich das alles tue, warum es mir wichtig ist, die Kochshow »Top Chef« zu gewinnen und vieles andere, kommt mir immer die gleiche Erinnerung in den Sinn. Als du krank warst und ich dich im Krankenhaus besucht habe, riefst du alle vorbeieilenden Krankenschwestern ins Zimmer, um ihnen zu erklären: »Wissen Sie, mein Enkel, der ist ein Top Chef!« Du hast allen erzählt, ich sei zu schüchtern. Und jeden Tag, den ich Dich besuchte, wieder: »Wissen Sie, mein Enkel, der ist ein Top Chef!«

Du warst so stolz auf mich …
Dies hat mein Leben verändert.
Merci Mamie

*Oma und ich in der Bretagne am Strand
von Sables d'Or*

Ein Diner mit der Familie, für das ich gekocht habe.
Von links nach rechts: meine Patentante Marie, mein Papa,
Oma Nicole, ich, mein Opa Jacques, Oma Dolly und mein
Bruder Raphaël

DIE REZEPTE VON

Mamie

DOLLY

LA SOUPE DE LAITUE

KOPFSALAT-SUPPE

Zutaten

FÜR 4 PERSONEN

1 KOPFSALAT

100 G GROSSE SPINATBLÄTTER

SALZ

100 ML EISWASSER

OLIVENÖL EXTRA VERGINE

FLEUR DE SEL UND SCHWARZER PFEFFER AUS DER MÜHLE

Den Kopfsalat waschen, trocken schleudern, verlesen und die Blätter grob hacken.

Den Spinat waschen, trocken schleudern, verlesen und die dicken Blattrippen größerer Blätter entfernen.

In einem weiten Topf reichlich Salzwasser zum Kochen bringen, die Kopfsalatstreifen darin 2 Minuten blanchieren. 30 Sekunden vor Ende der Garzeit den Spinat zugeben. Die Blätter in ein Sieb abgießen und sofort in Eiswasser abschrecken.

Das Gemüse vollständig erkalten lassen und dann mit etwa 100 ml Eiswasser fein pürieren. Einen Schuss Olivenöl unterrühren und die Suppe mit Fleur de Sel und frisch gemahlenem Pfeffer abschmecken.

Als leichte, erfrischende Vorspeise servieren.

Das Abkühlen der blanchierten Blätter in Eiswasser unterbricht den Garprozess, wodurch Chlorophyll und Nährstoffe erhalten werden, und liefert eine sehr grüne, nährstoffreiche Suppe.

LE FILET MIGNON AUX OIGNONS

FILET MIGNON MIT FRÜHLINGSZWIEBELN

Zutaten

FÜR 4 PERSONEN

1 FILET MIGNON VOM SCHWEIN (ETWA 800 G)

10 FRÜHLINGSZWIEBELN

20 G BUTTER

FLEUR DE SEL UND SCHWARZER PFEFFER AUS DER MÜHLE

FÜR DIE SAUCE

1 KG SCHWEINEABSCHNITTE (AUS SCHULTER ODER NACKEN)

100 ML TRAUBENKERNÖL

3 KNOBLAUCHZEHEN

3 ZWEIGE THYMIAN

2 LORBEERBLÄTTER

1 STANGE LAUCH

1 ZWIEBEL

1 KAROTTE

1 STANGE STAUDENSELLERIE

50 ML WEISSWEIN

2 L HÜHNERBRÜHE

30 G SEHR KALTE BUTTER

Das Filet mignon parieren: Haut, Fett und Sehnen entfernen und für die Zubereitung der Sauce verwenden. (Sollte bereits der Metzger das Fleisch parieren, lassen Sie sich diese Abschnitte mitgeben.) Das Filet wieder in den Kühlschrank legen.

SAUCE

Die Fleischabschnitte inklusive derer des Filet mignon in große Stücke schneiden. Das Öl in einem Schmortopf erhitzen, die Fleischabschnitte darin rundum scharf anbraten. Sobald diese Farbe annehmen, die ungeschälten Knoblauchzehen, Thymian und Lorbeerblätter zugeben und 5 Minuten mitschmoren lassen.

Den Lauch gründlich waschen, die dunkelgrünen Blattspitzen entfernen. Lauch, Zwiebel, Karotte und Staudensellerie in große Stücke schneiden. Das Gemüse in die Sauce geben und diese weitere 10 Minuten leise kochen lassen. In einen Seiher geben, um das gesamte Fett abzuscheiden.

Fleisch und Gemüse erneut im Topf erhitzen. Mit dem Weißwein ablöschen, die Hühnerbrühe angießen und den Sud bei geringer Temperatur 3 Stunden leise köcheln lassen. Regelmäßig Schaum und Trübstoffe abschöpfen.

Das Filet mignon 1 Stunde vor der Zubereitung aus dem Kühlschrank nehmen.

Die Fleischbrühe durch ein Sieb in einen weiten Topf abgießen und die aufgefangene Sauce offen einkochen lassen, bis sie eine sirupartige Konsistenz annimmt. Von der heiße Platte nehmen und den Garprozess durch Unterrühren der eiskalten Butterflöckchen beenden.

Den Backofen auf 200 °C Ober- und Unterhitze vorheizen. Die Frühlingszwiebeln putzen und längs halbieren. Die Butter in einer Pfanne erhitzen und die Frühlingszwiebeln darin in 2–3 Minuten goldbraun anbraten. Herausheben und beiseitestellen.

Das Filet mignon in derselben Pfanne in 2–3 Minuten rundum scharf anbraten, dann im vorgeheizten Backofen auf der mittleren Schiene für 5 Minuten garen. Herausnehmen und 5 Minuten mit Alufolie bedeckt ruhen lassen.

Das Fleisch in dicke Scheiben schneiden und zusammen mit den Frühlingszwiebeln auf 2–3 Löffeln Sauce anrichten. Mit etwas Fleur de Sel und einer Umdrehung frisch gemahlenem Pfeffer würzen. Sofort servieren, die übrige Sauce dazu reichen.

LES MAQUEREAUX AU VIN BLANC

MAKRELEN IN WEISSWEIN

Zutaten

FÜR 4 PERSONEN

FÜR DIE WEISSWEINMARINADE

1 KAROTTE

1 WEISSE ZWIEBEL (ALTERNATIV ¼ GEMÜSEZWIEBEL)

600 ML TROCKENER WEISSWEIN

5 LORBEERBLÄTTER

5 SCHWARZE PFEFFERKÖRNER (SARAWAK-PFEFFER)

4 GEWÜRZNELKEN

5 KORIANDERKÖRNER

3 ZWEIGE THYMIAN

SAFT VON 1 ZITRONE

100 ML WEISSWEINESSIG

4 KÜCHENFERTIGE MAKRELEN

FÜR DIE GARNITUR

½ BUND GLATTE PETERSILIE

10 KLEINE FRÜHKARTOFFELN AUS NOIRMOUTIER (FRANZÖSISCHE SPEZIALITÄT, ALTERNATIV »DRILLINGE«)

SALZ

50 ML SENF-VINAIGRETTE (SIEHE SEITE 104)

WEISSWEINMARINADE

Die Karotte putzen, die Zwiebel abziehen, jeweils in feine Scheiben schneiden.

Den Weißwein erhitzen, aber nicht kochen lassen. Karotte, Zwiebel, Lorbeerblätter, Pfeffer, Gewürznelken, Korianderkörner und Thymian hineingeben und 10 Minuten bei geringer Temperatur simmern lassen.

Zitronensaft und Essig unterrühren.

Die Makrelen waschen und sorgfältig trocken tupfen. Nebeneinander in eine Auflaufform legen und mit der heißen Marinade übergießen. Abgedeckt 10 Minuten durchziehen lassen. Anschließend abkühlen lassen.

GARNITUR

Die Petersilie waschen, trockenschütteln und die Blättchen grob hacken.

Die Kartoffeln in Salzwasser garen. Leicht abkühlen lassen, pellen und in Scheiben schneiden. Noch warm mit der Senf-Vinaigrette mischen. Mit der Petersilie bestreut zu den Makrelen servieren.

LES ŒUFS BROUILLÉS DE MON PETIT DÉJ'

MEIN FRÜHSTÜCKS-RÜHREI

Zutaten

FÜR 4 PERSONEN

10 G BUTTER

12 BIO-EIER

FLEUR DE SEL UND SCHWARZER PFEFFER AUS DER MÜHLE

Die Butter in einer Pfanne bei mittlerer Temperatur zerlassen. Die Eier in eine Schüssel aufschlagen, in die heiße Butter geben und die Temperatur erhöhen. Die Eier in 1–2 Minuten pfannenrühren.

Mit Fleur de Sel und frisch gemahlenem Pfeffer würzen und sofort servieren.

LES BISCUITS À LA CANNELLE

ZIMTKEKSE

Zutaten

ERGIBT ETWA 30 KEKSE

110 G KALTE BUTTER

220 G WEIZENMEHL TYPE 550

100 G BRAUNER ZUCKER

50 G PUDERZUCKER + MEHR NACH BELIEBEN

1 EI

10 G ZIMTPULVER

SALZ

Die Butter in Flöckchen zum Mehl geben und mit den Fingern rasch zu Streuseln vermischen.

Zucker, Puderzucker, Ei, Zimt und 1 Prise Salz zugeben und alles rasch zu einem glatten Teig verkneten. Den Backofen auf 210 °C Ober- und Unterhitze vorheizen.

Den Teig mit einem Nudelholz 0,5 cm dick ausrollen. Kekse beliebiger Form aber ähnlicher Größe ausstechen und auf ein mit Backpapier belegtes Backblech legen.

Die Kekse nach Belieben mit Puderzucker bestreuen und im vorgeheizten Backofen auf der mittleren Schiene 8 Minuten backen.

Die ausgestochenen Kekse unmittelbar vor dem Einschieben mit Puderzucker bestreuen, damit sie karamellisieren.

LE CRUMBLE AUX POMMES

APFEL-CRUMBLE

Zutaten

FÜR 4 PERSONEN

APFELKOMPOTT (SIEHE SEITE 14)

FÜR DEN CRUMBLE

200 G WEIZENMEHL (TYPE 1050)

125 G ZIMMERWARME BUTTER

100 G ZUCKER

FLEUR DE SEL

Den Backofen auf 200 °C Ober- und Unterhitze vorheizen.

Mehl, Butter, Zucker und Fleur de Sel in eine Schüssel geben und mit den Fingern rasch zu einem glatten Teig vermischen.

Den Teig auf Backpapier etwa 0,5 cm dick ausrollen.

Im vorgeheizten Backofen auf der mittleren Schiene 20 Minuten backen.

Die Teigplatte noch warm in mundgerechte Stücke brechen.

Das Apfelkompott in vier Schüsselchen oder eine große Schale geben und die Streusel darüber verteilen.

LE QUATRE-QUARTS TARTINÉ DE BEURRE

QUATRE-QUARTS MIT BUTTER BESTRICHEN

Zutaten

FÜR 8 PERSONEN

250 G BUTTER + ETWAS MEHR ZUM EINFETTEN

4 EIER

250 G ZUCKER

1 VANILLESCHOTE

250 G WEIZENMEHL (TYPE 405)

5 G BACKPULVER

FLEUR DE SEL

5 G LEICHT GESALZENE BUTTER PRO SCHEIBE

Den Backofen auf 180 °C Umluft vorheizen.

Die Butter zerlassen. Etwas abkühlen lassen.

In einer Rührschüssel die Eier mit dem Zucker und dem ausgekratzten Mark der Vanilleschote hell schaumig aufschlagen.

Die geschmolzene Butter unterrühren, dann Mehl, Backpulver und eine Prise Fleur de Sel locker unterziehen, damit keine Klümpchen entstehen.

Eine Kastenform (30 cm) dünn einfetten. Den Teig etwa drei Viertel hoch in die Form füllen und glatt streichen. Im vorgeheizten Backofen auf der mittleren Schiene 45 Minuten backen.

In der Form abkühlen lassen, stürzen und vollständig auskühlen lassen.

Den Quatre-Quarts in Scheiben schneiden und diese im Toaster toasten. Jede Scheibe mit einem Flöckchen leicht gesalzener Butter servieren.

REZEPTREGISTER

DIE REZEPTE VON MAMIE NICOLE

REZEPTREGISTER

DIE REZEPTE VON MAMIE DOLLY

REGISTER *nach* REZEPTKATEGORIE

REGISTER *nach* HAUPTZUTATEN

IMPRESSUM

Verantwortlich: Susanne Caesar
Lektorat: A flock of sheep Ltd.
Satz: A flock of sheep Ltd.
Übersetzung aus dem Französischen: Cornelia Wend
Umschlagadaption: Regina Degenkolbe
Korrektorat: Constanze Lüdicke
Herstellung: Bettina Schippel
Printed in China

Unser komplettes Programm finden Sie unter:

www.christian-verlag.de

★★★★★

SIND SIE MIT DIESEM TITEL ZUFRIEDEN?

Dann würden wir uns über Ihre Weiterempfehlung freuen. Erzählen Sie es im Freundeskreis, berichten Sie Ihrem Buchhändler oder bewerten Sie bei Onlinekauf. Und wenn Sie Kritik, Korrekturen, Aktualisierungen haben, freuen wir uns über Ihre Nachricht an:

Christian Verlag
Postfach 40 02 09, D-80702 München
oder per E-Mail an lektorat@verlagshaus.de

DANKSAGUNG

MERCI MAMIE NICOLE
MERCI MAMIE DOLLY

Ganz einfach Danke. Danke an meine Familie und alle meine Freunde.

An alle meine Teams, die mich täglich unterstützen. Vielen Dank an das Team des Restaurants »Mamie«, das diese Rezepte täglich zum Leben erweckt, und an Cédric für deine Desserts.

Danke Nico für deine geniale Idee auf einem Boot in Miami, danke Thaurin, dass du deinen Sommer in der Bretagne verbracht hast, um mit mir Omas Rezepte aufzuschreiben, und danke Domino, dass du all das koordiniert hast.

Vielen Dank an alle, die mich seit vielen Jahren unterstützen. Ich habe all ihre guten Wünsche und Ermutigungen gelesen, als ich gemeinsam mit Mamie das Restaurant eröffnet habe, und es hat mich sehr berührt.

Also, besuchen Sie nächsten Sonntag alle Ihre Oma zum Mittagessen, so diese noch unter uns weilt. Die Erinnerung daran wird eines Tages eine sehr wertvolle sein.

Die Deutsche Nationalbibliothek verzeichnet diese Publikation in der Deutschen Nationalbibliografie; detaillierte bibliografische Daten sind im Internet über http://dnb.de abrufbar.

Christian Verlag GmbH, Infanteriestraße 11 a, 80797 München

Die französische Originalausgabe mit dem Titel »Merci Mamie pour les Recettes« erschien erstmals 2019 bei Hachette Livre (Editions du Chêne), Frankreich

Bildnachweis:

Alle Fotografien stammen von Pierre Lucet-Penato mit Ausnahme von:

Seite 6, 7, 137, 138, 139 Sammlung von Jean Imbert
Seite 2, 8–9: © Boby Allin
Seite 134–135: © Nikos Aliagas
Seite 160: © Jean Imbert
Vorsatz/Nachsatz: Tapete Kvitten White von Sandberg
Design: Violine & Jérémy

Die Dessertrezepte stammen von Cédric Grolet, Chefkoch im Restaurant »Mamie« von Jean Imbert.

Anmerkung: Die Jahreszahlen bei den Rezepten beziehen sich auf die Jahre, in welchen die Rezepte erstmals von Nicole Imbert umgesetzt wurden.

ISBN 978-3-95961-491-7